Wer regiert uns wirklich

und
was wird aus unseren
Kindern?

André Raguse

BUS Verlag

www.bus-verlag.com

Ein Buch aus dem BUS Verlag

1. Neu-Auflage 🕮

ISBN: 978-3-944909-37-0

Die Rechte für die deutsche Ausgabe liegen beim
BUS Verlag
Pankstraße 11,
13357 Berlin

Bilder von Fotolia LLC
ID 32746348 Monk in Church
ID 57264850 innocence

Coverentwurf:
Olaf Kostbar

Druck
Books on Demand GmbH
BoD
In de Tarpen 42,
22848 Norderstedt

Inhalt

Vorwort 1
Einleitung 4

Kapitel I **Der Anfang**
Ursache und Wirkung 7
Inkonsequenz und deren Folgen 9
Das Reflexionsprinzip 13
Motivation und Reflexion 16
Humor und Motivation 20

Kapitel II **Die Überlegenheit**
Natürliche Selektion 24
Das kollektive Bewusstsein und dessen Vorteile 30
Die natürlichen Bedürfnisse eines Wesens 32
Was ist angeboren? 39
Suche und Sucht 44

Kapitel III **Die Chance**
Die natürlichen Eigenschaften 46
Die Atmung als Brücke zum eigenen Ich 51
Die Koordination als Spiegelbild der Persönlichkeit 58
Die Konsequenz neu betrachten 61
Innovation in der Pädagogik 64
Die Pädagogik als Lebenshilfe 73
Die Pädagogik reformieren 75
Training als Lebenshilfe 80
Bewusstes oder unbewusstes Handeln 81
Kampfkunst als Notwendigkeit 86

Kapitel IV **Die Wahrheit**
Politik und Bildung 92
Wer profitiert von wem? 96
Profitgier und deren Auswirkungen 100
Die drei Säulen der Pharmaindustrie 103
Budget und Innovation 112
Biologie und Wirtschaft 116
Die kulturelle Selektion 121
Gender Mainstreaming: Auflösung der Geschlechter und der Individualität 126

Kapitel V **Die Hoffnung**
Der Glaube an das Gute 132
Geist und Evolution 139
Die Beweglichkeit 144
Bin ich frei im Handeln? 148
Kann ich etwas verändern? 152
Unbequeme Fragen 157
Das Wissen über die Macht des Glaubens 161
Die Gabe zu lieben 165

Nachwort 170
Reminiszenz 174
Quellennachweis 177

Vorwort

Ist eine Pädagogik, die unseren Kindern dazu verhilft, zu mündigen Menschen zu werden, heute wirklich gefragt? Inwieweit sind echte pädagogische Innovationen überhaupt erwünscht? Oder verfolgen Politik und Wirtschaft Interessen, die der Mündigkeit im Weg stehen? Auffällig sind immer mehr sogenannte ADS-ADHS-Kinder (Kinder mit Aufmerksamkeitsdefiziten oder Hyperaktivität) sowie Kinder mit chronischen Atemwegserkrankungen oder auch mit Neurodermitis. Sind dies die Folgen der übertriebenen Impfserien an Kindern schon im Babyalter oder die zu vielen Pestizide in Lebensmitteln? Geschieht dies vorsätzlich oder sind das nur die Folgen der kapitalistischen Profitgier? Inwieweit ist unsere derzeitige Pädagogik dem Zeitgeist gewachsen?

Was hat es mit dem Gender-Konzept auf sich? Was können wir dem Konsumzwang entgegensetzen? In einer Zeit, in der die Kopflastigkeit zur Normalität geworden ist, verfolgt André Raguse gezielt einen Weg der Ganzheitlichkeit. Geprägt durch mehr als 40 Jahre Kampfkunst, 30 Jahre Yoga und seine 20-jährige Praxis als Pädagoge, entwickelte er ein ganzheitliches Konzept ohnegleichen. Er stellt unbequeme Fragen und provoziert. Er beschreibt, wie die Pädagogik auch aus einer anderen Sicht betrachtet werden kann. Er zeigt Pädagogen und Eltern einen Weg, dessen Hauptziel es ist, Kinder zu mündigen Menschen zu erziehen. Seine Schilderungen über das Leben führen den Leser von der philosophischen Betrachtungsweise zur Metaphysik bis hinein in den Mikrokosmos. Er offenbart Denkweisen, die die eigene Sichtweise in Frage stellen. Inwieweit besitzt der Mensch einen freien Willen?

André Raguse ist davon überzeugt, dass es an der Zeit ist, die Pädagogik zu reformieren. Die pädagogischen Ausbildungsinhalte sollten andere Schwerpunkte setzen, so sollten z. B. auch die Zusammenhänge von Politik und Gesellschaft kritischer betrachtet werden. Wie kann man eine Ganzheitlichkeit aus der Rationalität heraus verstehen? Außerdem sollte der Humor zum Instrument werden und Inhalt der Ausbildung sein. Auf jeden Fall sind wir gezwungen, die derzeitige Pädagogik neu zu überdenken. Übergewicht und die daraus resultierenden Erkrankungen, schon bei unter fünfjährigen Kindern, sind an der Tagesordnung. Die Kosten der Krankenkassen und der Beitragszahler steigen ins Unermessliche. Die Aufnahmefähigkeit vieler Kinder ist durch permanente Konzentrationsschwäche beeinträchtigt. Demzufolge werden die Kinder eingeschult, ohne die nötige Konzentrationsfähigkeit dafür mitzubringen. Dies führt zwangsläufig zu einer Überforderung der Kinder und der Lehrer in den meist personell unterbesetzten Schulen. Mit politischen Veränderungen (Kurzsichtigkeit und Haushalts-Kürzungen in allen sozialen Bereichen) ist in der Zukunft nicht zu rechnen. Das bedeutet, die Pädagogik wird ihre Strategie effizienter gestalten müssen, um die wachsenden Probleme wenigstens zum Teil bewältigen zu können. Effektive Konzepte, die kein höheres Budget benötigen, sind gefragter denn je. Sollten jedoch die Defizite in der Bildung, die Ratlosigkeit vieler Eltern und die Perspektivlosigkeit der Kinder und Jugendlichen weiter zunehmen, wird die psychosoziale Struktur der Gesellschaft in der Zukunft eine erschreckende Form annehmen. Nikotin, Alkohol und andere Drogen sowie der nutzlose Konsumzwang werden für immer mehr Menschen, die auf der Suche nach Zufriedenheit sind, zur Sucht.

Einleitung

Die derzeitige Situation in der Pädagogik lässt uns keine andere Wahl, als nach Innovationen zu suchen. Höhere Anforderungen an die Kinder sowie an die Pädagogen zum einen und immer mehr Budget-Kürzungen in der Kinder- und Jugendarbeit zum anderen tragen zur heutigen Situation bei. Ein politischer bzw. wirtschaftlicher Wandel (Profitgier) ist nicht abzusehen. Wir als Pädagogen müssen mit weniger mehr leisten, was bedeutet, unsere Arbeit muss effizienter werden. Die Methodik und Anwendung in der Pädagogik, die ein ganzheitliches Entwickeln und Wahrnehmen der Kinder fördert, ist heute gefragter denn je. Pädagogik, deren Inhalt auf das ganzheitliche Entwickeln der Kinder abzielt, sollte primär gefördert werden.

Ansatz-Punkte kann man im Yoga und im Budo-Sport finden, deren Philosophie und Methodik ein ganzheitliches Denken und Praktizieren voraussetzt. Deren Elemente könnten konzeptionell-praxisorientiert in die herkömmliche Pädagogik integriert bzw. eingebaut werden. In den Budo-Sportarten trainiert man gezielt die natürlichen Eigenschaften, die Voraussetzung sind, um erfolgreich und effizient einen Bewegungsablauf umsetzen zu können. Zielsetzungen sind die Steigerung der Konzentration und Reaktionsfähigkeit sowie der Differenzierung, der Mobilität und anderer natürlicher Eigenschaften, die den Menschen ausmachen. Die Konzentration wird insbesondere durch Balance und Atmungsübungen, die eng in Zusammenhang stehen und als ein Fundament gesehen werden, im Yoga geschult.

Aus der Koordination eines Kindes (bzw. eines Menschen allgemein) lassen sich Rückschlüsse auf seine Stärken und Schwächen ziehen. Die Koordination ist das Spiegelbild eines Menschen. Die Pädagogik sollte prinzipiell als Lebenshilfe verstanden werden. Kinder sollten nicht erzogen werden, nur weil es für einen bequem ist, sie in einer von uns gewünschten Richtung zu erziehen. Mehr Sinn macht es, den Kindern zu helfen, ihre eigene Persönlichkeit zu finden. Aus diesem Aspekt heraus sollte auch nichts unversucht bleiben, die Pädagogik neu zu überdenken. Die Vorstellung, alle natürlichen Eigenschaften, die einen Menschen ausmachen, spezifisch-detailliert zu trainieren, zu stärken, zu fördern bzw. zu erweitern, könnte eine neue Herausforderung in der Pädagogik darstellen. Diese würde dazu beitragen, einem heranwachsenden Menschen ein vermitteln, ihm zu helfen, wirklich erwachsen und mündig zu werden. Die natürlichen Eigenschaften, die uns Menschen ausmachen, sollten in der Pädagogik, insbesondere im Schulsport, durch ein spezielles Trainingsprogramm gefördert werden. Der allgemeine Sportunterricht könnte so an Inhalt gewinnen. Die Steigerung der Konzentrations- und Reaktionsfähigkeit sollte primär gefördert werden. Anatomische Kenntnisse sollten nicht nur Stoff des Biologieunterrichts sein, sondern gerade durch sportliche Übungen lässt sich vieles praxisorientierter erklären. Auch die Vorteile des richtigen Atmens führen zu einem besseren Verständnis. Ein neuer, innovativer Sportunterricht wäre übergreifend auf alle anderen Unterrichtsfächer. Konzentration ist immer und überall gefragt. Die Gesetzmäßigkeiten von Ursache und Wirkung sowie das Reflexionsprinzip sollten ebenfalls zum Inhalt der Pädagogik werden. Solch eine innovative

Pädagogik wäre jedoch nur möglich, wenn die Pädagogen verstärkt und bindend an Fort und Weiterbildungen teil-nehmen würden, deren Thematik sich auf diese Inhalte bezieht. Hat aber die Politik und Wirtschaft wirkliches Interesse an einer erfolgversprechenden Pädagogik, einer Pädagogik, die es schafft, dass aus unseren Kindern einmal mündige Menschen werden?

Kapitel I
Der Anfang
Ursache und Wirkung

Am Anfang war das Wort, was so viel bedeutet wie der Gedanke, die Absicht, die Vorstellung, das Nichtmaterielle. Die Materialisierung der Gedanken stellt für jeden eine individuelle Entwicklung und Herausforderung dar. Der Gedanke will Materie werden. Schon im Kleinkindalter besteht das Verlangen, alles verstehen, erfahren bzw. schaffen zu wollen.

Die innere Vernetzung der Gehirnzellen (Neuronen) bzw. der Synapsen verläuft äquivalent zu den äußeren Reizen. Die Anzahl bzw. Vielfalt der äußeren wahrgenommenen Reize ist demnach von entscheidendster Be-deutung für die geistig-körperliche Entwicklung eines Kindes. Gewiss ist dies jedem Pädagogen bekannt, aber nichtsdestotrotz möchte ich darauf eingehen, um die Wichtigkeit dessen noch einmal zum Ausdruck zu bringen, wie **Eindrücke** sich später **ausdrücken.** Vom ersten Moment der Wahrnehmung an (wann auch immer sie beginnt) spielt sich eine ständig fortwährende Vernetzungs- Entwicklung des Geist-Körpers ab. Das Baby als lebendiges Wesen sammelt von Anfang an unaufhörlich Eindrücke und Wahrnehmungen. Eine Verarmung dessen führt unweigerlich zur Vernachlässigung der gesamten Entwicklung. Schon durch das Atmen und Aufnehmen der Nahrung stellt das Neugeborene eine direkte Verbindung zur Außenwelt her. Das Baby (das Leben als solches) will bzw. muss sich verbinden und vernetzen mit dem Außen und dem Anderen. Denn das Außen kann nur wahrgenommen bzw. verstanden werden, wenn es aufgenommen und verinnerlicht wird. Dies sieht man am Beispiel der Theorie und Praxis.

Welchen Wert hat theoretisches Wissen ohne praktisches Erfahren? Pädagogik, die als Lebenshilfe verstanden werden sollte, könnte, wenn sie sich dessen bewusst wäre, sich daran ein Beispiel nehmen und mit dem richtigen Konzept genau dort ansetzen. Denn jeder Schritt der Entwicklung setzt den nächsten automatisch voraus. Geringste Abweichungen oder auch Vernachlässigungen beeinträchtigen die gesamte Entwicklung eines Lebewesens. Die Kinder zu unterfordern ist eine ineffiziente Pädagogik, sie zu überfordern bedeutet lediglich, ihre Grenzen sichtbar werden zu lassen.

1 Dies wird in der Kinder- und Jugendarbeit und deren täglicher Praxis sichtbar.

1 Was selbstverständlich heißt, wenn man erkennt, dass ein Kind überfordert ist, es nicht weiter zu überfordern, sondern aus dieser erworbenen Erkenntnis heraus die zur Entwicklung richtigen Schritte weiterzugehen.

Die Inkonsequenz und deren Folgen

Aufgrund mangelnder Konzepte, geringen Budgets und unterbesetzten Personals werden die meisten Kinder unterfordert. Die nötige Konsequenz bleibt dabei auf der Strecke und den Mitarbeitern fehlt es dementsprechend an Möglichkeiten. Demzufolge gelingt es ihnen meist nicht, konsequent das Vorgenommene einzuhalten. Der Einfachheit halber geben die meisten Pädagogen und auch Eltern zu schnell nach. Zu oft wird das Erinnerungsvermögen eines Kindes unterschätzt, das jede Form der Inkonsequenz versteht und zu instrumentalisieren weiß. Ein neugeborenes Baby ist in der Lage, nach kürzester Zeit das Verhalten seiner Eltern einzuschätzen und es dadurch zu manipulieren. Daher sind die Wiederholungen von Ritualen so wichtig, um eine Automatisierung derer zu gewährleisten. Zur Veranschaulichung dessen werde ich auf das einfache, aber effektive Verhalten des Lebens genauer eingehen müssen. Das Leben funktioniert nach einfachen, verständlichen Regeln, denn es strebt danach, sich verbinden zu wollen mit dem Außen und dem Anderen; demnach muss es das Außen aufnehmen durch Einatmen, Essen und Trinken. Es vereint sich, reproduziert sich und sorgt so für das Gelingen, indem es irgendwann in seiner Entwicklung Familien, Stämme bzw. Sippen gründet und Strategien entwickelt, um diese aufrechtzuerhalten. Gelingt es dem Lebewesen, all die genannten Voraussetzungen zu erfüllen, hat es große Chancen zur Entwicklung, zur Weiterentwicklung seiner Art.

Da die natürlichen äußeren Einflüsse aber prinzipiell dafür sorgen, dass das Leben nie ohne Reibungen verlaufen kann, entstehen ständig Spannungsschwankungen im eigenen Dasein. Anders ausgedrückt bedeutet dies, erst die äußeren Einflüsse wie Reibungen, Konkurrenz, Partnerschaft und andere Dinge formen bzw. fordern das Leben, fordern **uns** heraus.

Betrachtet man nun ein neugeborenes Kind, dessen ganzes Potenzial schon vorhanden ist, dessen Möglichkeiten bzw. Handlungsfähigkeiten aber auf ein Minimum beschränkt sind. Weder die Muskulatur, die Motorik noch die Stimmbänder sind entwickelt. Es kann sich lediglich durch einfachste Verhaltensweisen verständigen bzw. ausdrücken, um seine Bedürfnisse verständlich zu machen und zu befriedigen. Die natürlichste Urform der Methodik wird angewandt, kompromisslos werden Unmut und Forderungen des Babys gezeigt, um erfolgreich zu sein. Die Stimme wird zum Instrument und die Intonation zur Waffe. Die Reaktionen und das Verhalten der Eltern werden gnadenlos instrumentalisiert. Primär geht es dem Baby um Nahrungsaufnahme, um Schutz, Geborgenheit und Wärme. Werden diese Dinge erfüllt, war die Strategie erfolgreich und es wachsen langsam, aber stetig die Ansprüche des Babys (Wesens). Je nach Stand und Entwicklung des Kindes werden die Techniken verfeinert bzw. raffinierter. Der Erfolg spricht für sich. Die wahrgenommene bzw. empfangene Liebe der Eltern spielt zwar eine übergeordnete Rolle und sorgt für eine höhere Bereitschaft, aber dennoch geht es dem Wesen primär um das Durchsetzen seines eigenen Kopfes. An der Mannigfaltigkeit des Lebens erkennt man deren Individualitäten. Die Individualität eines Wesens zeigt sich durch dessen Fähigkeiten und Handlungen. Die Fähigkeiten eines Wesens erkennt man am Einsatz seiner Absicht und deren Gelingen. Verstehen es nun die Eltern und/oder die Pädagogen, diese Energie-Kraft des Kindes in sinnvolle Kanäle zu lenken, ohne dass sie unterdrückt wird, kann die Lebenshilfe (die Pädagogik) erfolgversprechend sein. Das Gesetz des Karmas ist das von Ursache und Wirkung, das den natürlichen Weg einer Seele reflektiert. Mit anderen Worten heißt dies, erst mit dem Durchsetzen des eigenen Kopfes behauptet sich eine Individualität. Diese dann in die richtigen Bahnen zu lenken wäre die optimale Pädagogik. Was wiederum dazu beiträgt, eine Seele in ihrem Karma reflektieren zu verhelfen.

Das Reflexionsprinzip

Die Entwicklung des Lebens verläuft nach den Prinzipien des Reflektierens. Unabhängig von Bildung und Verstand ist dies im Dasein des Menschen verankert. Das heißt, ein jedes Kind (Lebewesen) versteht intuitiv, von Natur aus, die Gesetzmäßigkeiten des Universums. Dies macht die Entwicklung seines Handelns erst aus. Man kann das am Beispiel eines kleinen Babys sehen, das schnell das Verhalten seiner Eltern zu instrumentalisieren lernt. Was bedeutet, dass wir als Pädagogen und Eltern auf die einfachsten Naturgesetzmäßigkeiten zurückgreifen sollten.

Klassisch-pädagogisch autoritäre Konzepte aus den früheren Zeiten wie z.B. die Prügelstrafe usw. verfehlten ihr Ziel durch psychosoziale Kurzsichtigkeit. Dennoch müssten gezielte Reflektionsmechanismen zum Inhalt der neuen, natürlichen Pädagogik werden. Spricht man z. B. von Sanktionen, sollte man in erster Linie vom Unterlassen der Belohnungen reden. Denn Belohnungen sollten ausschließlich verdient sein.

Die Konsequenz als natürliche Reflexion

Die Bedeutung der Konsequenz sollte neu definiert, verstanden und verinnerlicht werden. Der ultimative Einhalt der Konsequenz ist in jedem Falle erfolgversprechender, aber natürlicherweise verlangt es viel Geduld und Ausdauer. In der Natur werden prinzipiell nur Fleiß, Geduld und Ausdauer belohnt, was eine Konsequenz voraussetzt. In der alltäglichen Praxis sieht es jedoch anders aus: Den Pädagogen fehlt es entweder an Zeit, an eigener Konsequenz, Motivation und/oder einem Konzept. Meist wird dann so argumentiert, dass man dies den Kindern nicht zumuten kann, und schon wird nachgegeben. Kurzfristig glaubt man so richtig gehandelt zu haben und meist hat man für den Moment auch seine Ruhe. Langfristig jedoch wird dieses Verhalten der Pädagogen und Eltern von den Kindern abgespeichert. Nun wird dieses zum Instrument, um ihren eigenen Kopf auf diese Weise weiter durchzusetzen, fast immer mit Erfolg. Meine langjährigen Erfahrungen zeigten mir, dass die Motivation und das Konzept eines Pädagogen das Fundament seiner Arbeit darstellen. Aufgrund der ständigen Sparmaßnahmen in der Kinder- und Jugendarbeit und deren schlechten Personalspiegels kommt es immer mehr zu Überlastungen der Pädagogen und dementsprechend auch zwangsläufig zu deren Motivationsrückgang. Die erwünschte und notwendige Motivation für die Arbeit mit Kindern, die oft verloren gegangen ist, muss demnach wieder neu entdeckt und vorgelebt werden, nur so lassen sich die eigenen Erwartungen erfüllen. Die meistens zu hohen Erwartungen der Pädagogen und Eltern werden enttäuscht und führen so automatisch zu kleineren Ergebnissen.

Wunscherwartungen werden nicht erfüllt. Die Zielsetzung einer guten Pädagogik sollte sein, Erfolgserlebnisse vermitteln zu wollen. Dies sollte zur größten Herausforderung eines Pädagogen werden. Die Praxis zeigt uns, wie schwer es ist, einem Kind gegenüberzustehen, dessen Verhalten extrem auffällig ist und das nach den heutigen Standpunkten als hyperaktiv eingestuft wird. Aggressionen und Profilierungen gehen meistens damit einher und erschweren den Umgang mit diesen Kindern. Man könnte meinen, dass die hyperaktiven Kinder das evolutionäre Erbe unserer schnelllebigen Wegwerfgesellschaft sind. Sie erfüllen ihren Zweck evtl. darin, die Problemlösungen und Sichtweisen unserer heutigen Pädagogik zu lösen bzw. neu zu definieren und zu überdenken. Inwieweit Pestizide, Impfstoffe oder zu viele Medikamente für dieses sog. Krankheitsbild verantwortlich zu machen sind, wird in einem anderen Kapitel zum Thema.

Der tägliche Erfolg meiner Arbeit definiert sich im Geben. Ich gebe den Kindern Aufmerksamkeit, Verständnis, Humor, Vorbildlichkeit und Vertrauen. Nach dem Reflexionsprinzip bekomme ich die gewünschte Aufmerksamkeit; die Kinder lernen besser verstehen, entwickeln mehr Spaß dabei, sie wollen selbst vorbildlich sein und wollen jemandem vertrauen können. Zu hohe Erwartungen führen unweigerlich zu Enttäuschungen und man sollte sich dann fragen, ob man selbst diese hohen Erwartungen jemals erfüllen würde. Aus eigenen Erfahrungen wissen wir, dass die Höhe der Erwartungen gleich die Höhe der Enttäuschungen ist. Trotz des Wissens darüber erfahren wir immer wieder von neuem das Gleiche. Wir werden enttäuscht, weil unsere Erwartungen einfach zu hoch sind. Nach dem Reflexionsprinzip würde es Sinn machen, uns mehr über die wenn auch kleinen Erfolge zu erfreuen, als uns über die Misserfolge zu ärgern. Kleine Erfolge werden meistens nicht ausreichend gewürdigt, man erwartet einfach zu viel. Daraus stellt sich zwangsläufig die Frage, wie ich meine eigenen Erwartungen herunterschrauben kann. Jedoch setzt dies voraus, meine Bereitschaft zu einer eigenen Sichtweise in Frage zu stellen.

Motivation und Reflexion

Die Reflexion eines Menschen erfolgt nicht nur rationell (über den Verstand), sondern in erster Linie auf der emotionalen Schwingungsebene. Dies bedeutet, dass wir Menschen (ich glaube, auch jedes andere Lebewesen) Erfahrungen der Umwelt auf unterschiedlichen Ebenen wahrnehmen und reflektieren. 2 Bruce Lipton, ein Zellbiologe und Pionier der neuen Wissenschaft Epigenetik, berichtet von konstruktiver und destruktiver Interferenz. **2** Damit meint er, dass jedes Lebewesen nicht nur aus Materie, sondern auch aus Energie besteht. Energie und Materie zusammen bilden ein Feld (Raum), in dem sich die energetischen Wellen ausbreiten. Nun bewegen sich bzw. breiten sich Wellen nach einem natürlichen physikalischen Muster im Raum aus. Stoßen zwei Wellen aufeinander, besteht die Möglichkeit, dass sie einander ergänzen und stärken; in dem Fall würde man von einer konstruktiven Interferenz sprechen. Das Gegenteil wäre, wenn sich die Wellen beim Aufeinanderstoßen entkräften, sich ihre Eigendynamik rauben und einander neutralisieren; in diesem Fall würde man von einer destruktiven Interferenz reden.

Ich glaube, dass jeder Situationen kennt, die rationell mit dem ersten Eindruck nicht zu erklären sind, weil eine Frequenz uns vermittelt, die Schwingungen unseres Gegenübers sind uns entweder willkommen oder auch nicht. In dem Moment, wo sich zwei Wellen treffen und sich gegenseitig aufbauen bzw. ergänzen oder im Gegenteil sich ihre Eigendynamik rauben, kann

2 Bruce Lipton: Intelligente Zellen. Der Geist ist stärker als die Gene, Koha-Verlag

man dies mit Sympathie und Antipathie vergleichen. Nicht anders ist es mit der Musik, die Emotionen in Schwingungen darstellt. Je nach eigenem Befinden schwingen wir mit oder nicht. Bruce Lipton geht weiter und meint:

3 *„Unser Denken und Fühlen sind es, die in jede Zelle hineinwirken und unser Leben bestimmen. Die Wahrnehmung der uns umgebenden Umwelt ist es, die unsere Gene kontrolliert. Geist und Materie korrespondieren und die starre Vorstellung von einer unveränderbareren Genetik und Erblast unserer Vorfahren führt zur Stagnation. Dass der Geist mit der richtigen Über-zeugung und dem Glauben direkten Einfluss auf sein eigenes Schicksal hat, ermöglicht eine neue Sichtweise. Es eröffnet sich ein spirituelles Potential mit der Fähigkeit sich selbst zu heilen und sein Schicksal selbst in die Hand zu nehmen.“*

Aufgrund dessen fühlen wir, was richtig oder falsch, gut oder schlecht für uns ist. Aus dem Bauch heraus sind wir in der Lage, richtig zu entscheiden, wenn da nicht diese auf-gezwungenen Regeln und Versuchungen wären, die uns fortwährend zwingen, die Etikette zu bewahren, uns bremsen, ständig verunsichern und Voreingenommenheit erzeugen. Rationell betrachten wir Dinge zwar von allen Seiten, vergessen aber die Intuitiven Erstentscheidungen. Zuviel Aufgezwungenes lässt uns nicht mehr mit dem Herzen sehen. Immer mehr wägen wir ab, was richtig oder falsch ist. Die kopflastige Gesellschaft krankt am Rationellen. Ein Kind handelt vorrangig intuitiv und sieht mit dem Herzen. Ihm mangelt es nicht an Lebensmotivation und Elan. Kinder verstehen das Reflexionsprinzip aus

3 Bruce Lipton: Intelligente Zellen. Der Geist ist stärker als die Gene, Koha-Verlag

dem Bauch. Uns Er**wachsenen** fehlt aufgrund der Lebenslast oft die Lebensmotivation, der Antrieb weiterzumachen. Genau dies wird aber von den kleinen Menschen (den Kindern) über Schwingungen wahrgenommen, was unweigerlich dazu führt, dass die Erwachsenen unglaubwürdig erscheinen können. Wenn die Motivation sowie die Bereitschaft (wie groß sie auch sein mag) als Schwingungen vom anderen Ich, von den Kindern wahrgenommen bzw. empfunden werden, sollten wir unsere eigene Motivation unbedingt hinterfragen. Welche Beziehung habe ich noch zu meiner Arbeit, habe ich noch Spaß an ihr? Mit der **Bereitschaft,** sich diese Fragen zu stellen, beginnt der erste Schritt, die eigene Motivation wieder zurückzuerobern. Getankte Motivation lässt uns auch wieder konsequenter sein. Motivation und Konsequenz stehen im Verhältnis zu Ausdauer und Geduld. Dies sollte unbedingt verinnerlicht werden. Wird uns bewusst, dass eine Automatisierung, eine Einpflanzung nur durch permanente Wiederholung von Übungen möglich ist (so wie das ABC lernen), dann bekommen Ausdauer und Geduld, aber auch Konsequenz einen neuen Stellenwert. Meist wird in der Kinder- und Jugendarbeit mehr Wert auf Quantität als auf Qualität gelegt. Die Kontinuität verliert sich meist im Neuen, was einen Mangel an Konsequenz beweist. Die Wichtigkeit der Ausdauer sollte prinzipiell vorgelebt werden. Gerade die Motivation der eigenen Eltern (auch die der Lehrer und Erzieher/innen) wird von den Kindern als Frequenz in Form von Schwingungen wahrgenommen.

Das heißt, die Kinder, insbesondere die jüngeren, spüren die ehrliche Intention der Erwachsenen. Um in seiner Arbeit erfolgreich zu sein, muss mit gutem Beispiel vorangegangen werden; man darf nicht falsche

Ehrlichkeit vortäuschen und dann noch falsche Erwartungen hegen. Schwingungen sind ehrlich.

Humor und Motivation

Humor dient als Motivator und Brücke zum anderen Ich. Bei den meisten Menschen nimmt mit dem Älterwerden der Humor leider ab, er bekommt einen geringeren Stellenwert. 4 Auch die Freude am Leben scheint im Alter bei sehr vielen Menschen abzunehmen. Was versteht man nun wirklich unter dem Begriff Humor?

Humor:

5 *Die Fähigkeit eines Menschen, viele Lebenssituationen mit Heiterkeit und einer gelassenen Grundhaltung zu bewältigen.*

Wenn man nun davon ausgeht, dass unsere innere Einstellung direkten Einfluss auf die eigene Physis hat, ist es ganz klar, wie Heiterkeit und Gelassenheit entscheidend sein können. Ich bin davon überzeugt, Humor kann bis zu einem gewissen Grad auch heilen. Nicht ohne Grund wird Humor als zusätzliche Therapie in Kinderkliniken angewandt, man denke da an den Kinderarzt Dr. Rolf Zass von der Universitäts-Kinder-Poliklinik Münster, den man auch Dr. Clown nennt. Das gleiche Prinzip verfolgen auch die Rote- Nasen-Clowndoctors in Wien. Auch in der Pädagogik kann und sollte der Humor zum Instrument werden. Geschickt angewandt ermöglicht er es besonders, an introvertierte Kinder heranzukommen, bzw. es gelingt uns, eine verschlossene Tür zu öffnen. Worauf ich hinauswill, ist, dass der Humor einen Doppeleffekt beinhaltet. Zum einen möchte ich mit Hilfe des Humors an die Persönlichkeiten der Kinder herankommen, um mein pädagogisches Konzept zum Vorteil

4 Natürlich spielt hier die subjektive Betrachtungs- weise eine entscheidende Rolle.

5 Definitionen aus dem Wikipedia

der Kinder erfolgreich umsetzen zu können, und zum anderen schaffe ich es, durch die lachenden Kinderaugen auch mich selbst zu motivieren. Nun stellt sich unweigerlich die Frage, wie bekommt man seinen eigenen evtl. verlorenen Humor wieder zurück? Ich glaube, dies ist nur möglich durch das Hinterfragen seiner eigenen subjektiven Betrachtungsweise. Man sollte sich u.a. fragen, welchen Stellenwert der Humor für einen selbst hat. Worüber kann ich überhaupt noch lachen? Habe ich noch Freude am Leben? Sollte ich zu dem Ergebnis kommen, dass mir die Freude abhandengekommen ist, bleibt mir nichts anderes übrig, als sie zu suchen. Nun ist dies leichter gesagt als getan in einer Welt voller Kriege, Angst und Ausbeutung. Dennoch behaupte ich, dass es möglich ist, die eigene Sichtweise bzw. eigene subjektive Betrachtungsweise zu ändern. Dies ist möglich, wenn wir anfangen, unsere angenommenen Gewohnheiten sowie die daraus entstandenen Ansichten genauer zu betrachten, zu beobachten und zu hinterfragen. Oft fällt man aus Bequemlichkeit heraus in Gewohnheiten, die eher für einen selbst schädlich sind, als dass man davon profitiert. Die dadurch entstandene eigene Lebensqualität verschlechtert sich und wir entschuldigen uns ständig selbst, was früher oder später zur Änderung unser Ansichten führt. Die Sichtweise über unser Leben bekommt einen anderen Charakter. Die Bereitschaft, etwas Neues zu wagen, zu beginnen, schrumpft immer mehr und unsere Erfolgserlebnisse bleiben aus. Der Konsum wird zur Ersatzbefriedigung und die tägliche Arbeit zu einem Muss. Wir haben den Spaß und die Herausforderung verloren. Im vorherigen Kapitel wurde bereits darauf hingewiesen, wie die Schwingungen eines Menschen besonders von Kindern wahrgenommen werden.

Jeder weiß, dass Lachen ansteckend ist, insbesondere von kleinen Kindern. Wer von einem kleinen Kind direkt angelacht wird, dem wird es schwerfallen, ernst zu bleiben. Magisch angezogen vom Glanz der Augen und dem Mund, werden wir verzaubert und motiviert, selbst zu lachen oder wenigstens zu grinsen, auch wenn wir in diesem Moment nicht guter Dinge sind. Bin ich mir dessen bewusst, wäre es doch ratsam, mir diese Freude zu suchen. Vielleicht im Bekanntenkreis oder aber bei den eigenen Verwandten, die diesbezüglich oft vergessen werden. Die Unvoreingenommenheit und Ehrlichkeit der Kinder bietet eine Chance für jeden Erwachsenen, seine eigene Voreingenommenheit zu hinterfragen bzw. zu erkennen. Mit Hilfe des Humors erzeugen wir positive Schwingungen, mit denen wir uns dann den Kindern entspannter nähern können. Um den Humor eines Kindes zu verstehen, bedarf es der Beobachtungsgabe und des Blickes auf Augenhöhe vom Erwachsenen zum Kind.

Dieses Wissen kann, wenn man seine Arbeit jemals geliebt hat, ebenfalls zum Motivator werden und helfen, seine individuelle Sicht und Betrachtungsweise zu ändern, was die Voraussetzung zur Veränderung der eigenen Praxis wäre. Eine positive Lebensanschauung ist prinzipiell von Vorteil.

Ein Optimist lebt immer entspannter als ein Pessimist, auch dies spürt ein Kind. Vielleicht wäre es eine Überlegung wert, dem Humor ein eigenes Fach in der pädagogischen Ausbildung einzuräumen.

Kapitel II.
Die Überlegenheit
Die natürliche Selektion

„Mensch sein heißt,
sich minderwertig zu fühlen
und nach Überlegenheit
zu trachten.“

Alfred Adler

Ich bin davon überzeugt, dass Adlers Leitsatz letztendlich auf alle Lebensformen zutrifft. Jedes Lebewesen wird nach diesem Muster leben. Es wird ständig nach Überlegenheit streben beziehungsweise danach trachten, wenigstens nicht der Unterlegene zu sein. Fast täglich wird man in der Kinder- und Jugendarbeit hören, wie die Kinder beteuern, die Besten, Stärksten, Schnellsten und Coolsten zu sein. Natürlich erwarten sie den Applaus. Denn Erfolgserlebnisse sind eben Nahrung für die Seele. Im Gegensatz zu den Erwachsenen haben sie (die Kinder) kein Problem damit, danach zu fragen, wie gut sie sind oder waren. Der Erfolg setzt das Leben allgemein voraus. Erfolgreich zu sein bedeutet Kreativität, Stärke, Ausdauer und Ideenreichtum zu besitzen. Selektion heißt, aus den vorhandenen Möglichkeiten das Beste zu machen. Jede Nachlässigkeit wird bestraft. Das Leben ist prinzipiell ein Streben und ein ständiges Anpassen an seine Umwelt bzw. an seine veränderte Situation; da ist Flexibilität gefragt. Kinder wissen dies aus dem Bauch heraus. Sie benötigen lediglich eine Hilfestellung.

Betrachten wir den Planeten Erde analog dazu als

einen Gesamtorganismus, dann könnte man von einem kollektiven Bewusstsein aller Lebewesen auf diesem Planeten reden. Die Selektion einzelner Spezies würde aus dieser Betrachtungsweise nur eine sekundäre Rolle spielen. Nun befindet sich der Mensch auf diesem Planeten derzeit aufgrund seiner Entwicklung und seiner Handlungsmöglichkeiten in einer Position, dem Gesamtorganismus Erde erheblichen Schaden zufügen zu können. Das bedeutet, er, der Mensch, hat eine Verantwortung zu übernehmen. Ist nun der Mensch als Spezies sich dessen bewusst? Natürlich nicht, er kann sich dessen überhaupt nicht bewusst sein. Wie ein Kind, dem es an Lebenserfahrung fehlt, geht es dem Menschen als Spezies. Es fehlt ihm an Weit- und Gesamtblick. Aufgrund dessen kann sich eine Spezies niemals generationsübergreifend nach einem Zeitplan entwickeln. Es wird ihr immer an Weitblick und konsequentem Einhalten ihres evtl. theoretischen Wissens fehlen. Man könnte meinen, das Leben reagiert auf die natürlichen Anforderungen und Veränderungen sofort und es bleibt dem Wesen nichts anderes übrig, als schnell und richtig zu handeln. Fehler könnten zum Aussterben der ganzen Spezies führen. So radikal wie dies im ersten Moment klingt, muss es jedoch nicht wirklich sein, wenn wir davon ausgehen, dass jedes Lebewesen eine eigene Individualität besitzt und sich seiner selbst bewusst ist. Bewusstsein bedeutet u.a. seine eigene Wahrnehmung und Empfindung vom Leben zu haben und zu versuchen, sie zu analysieren und zu verstehen. Geht man nun davon aus, dass jedes Lebewesen eine eigene Individualität besitzt und sich seines Wesens bewusst ist, spielt die Spezies, in der sich das Bewusstsein wiederfindet, keine wirkliche Rolle. Jede Spezies vereinnahmt eine eigene Nische, die sie behauptet.

Bezogen auf den Gesamtorganismus Erde ist der Mensch nur eine von unzähligen Spezies auf diesem Planeten, einer von vielen Kleinstorganismen mit dem gleichen Ziel wie alle anderen Lebensformen, sich lediglich auszubreiten (Nischen einzunehmen) und universelle Gesetzmäßigkeiten weiterzuentwickeln. Machen wir einen Sprung in den Mikrokosmos, finden wir die Zellen, die den Menschen ausmachen und ebenfalls einzelne individuelle Lebensformen darstellen. Auch sie erfüllen genauso ihre Aufgaben in den unterschiedlichsten Nischen. Zellen, die die eigentliche Grundphilosophie des Ganzen mit ihren Aufgaben vernachlässigen bzw. ihre Nische verlassen, werden nach der medizinischen Definition als entartet (als Krebs) bezeichnet. Diese können je nach Technik und Beharrlichkeit in ihrem Tun den Gesamtorganismus Mensch zerstören. Demnach könnte der Mensch aufgrund seines Verhaltens analog mit einer Krebszelle verglichen werden, die den Gesamtorganismus Erde zerstören könnte. Die entarteten Zellen, die die Grundidee des Gesamtorganismus „Mensch" nicht mehr befolgen, zerstören letztendlich ihr eigenes Umfeld, indem sie sich skrupellos außerhalb ihres Plans vermehren und anderen Zellen den Lebensfaden abschneiden. Am Ende zerstören sie den Gesamtorganismus und letztendlich sich selbst. Machen wir einen Sprung und gehen tiefer in den Mikrokosmos hinein, und zwar direkt in die einzelne Zelle. Hier finden wir die gleichen Gesetzmäßigkeiten wie im Großen. Die Zelle besitzt eine Außenhaut, die Zellmembran, ein Außenskelett, die Zellwand, für die Stabilisierung sowie das Zellplasma, in dem sich unterschiedlichste Organismen bewegen und ihre Aufgaben erledigen. Für die Versorgung, Entsorgung, Abwehr, Datenübertragung und Organisation muss genauso gesorgt werden wie in großen Organismen. Mitochondrien, Ribosomen, Golgi-Apparate und andere Kleinstorganismen sind dafür zuständig. Außerdem befinden sich verschiedenste Eiweiße im Inneren der Zelle, deren Aufgabe es ist, die Zelle zu koordinieren bzw. zu organisieren. Ihr sensibles Wahrnehmungsvermögen ist in der Lage, direkten Einfluss auf den gesamten Bauplan und die Funktionen im Inneren der Zelle zu nehmen. Reize von außen werden durch die Zellmembran codiert an die unterschiedlichen Eiweiße innerhalb der Zelle weitergegeben. Die dadurch veränderten Eiweiß-Konstellationen üben direkten Einfluss auf den gesamten Bauplan der Zelle und deren Aufgabe aus. Vergleicht man dies mit der Hormonausschüttung in unserem Körper, ausgelöst durch Gedanken und Emotionen, versteht man den Zusammenhang des Geistes und der Funktion einer einzelnen Zelle. Das bedeutet, unser Geist beeinflusst direkt unsere Zellen, indem er aufgrund seiner Gedanken die Eiweiße innerhalb der Zellen verändert. Dies lässt sich anhand eines Beispiels erklären. In einem Experiment werden Zellen gleicher Art in mehreren Petrischalen verteilt, um mit unterschiedlichsten Stoffen gereizt zu werden. Erstaunlicherweise entwickeln sie sich, bedingt durch die verschiedenen Reize, zu jeweils anderen Zellen. Sie verändern ihren Plan und ihre Aufgabe. Unsere hormonelle Steuerung wird von positiven wie negativen Gedanken und Emotionen beeinflusst. Diese positiven oder negativen Reize sind Schwingungen, die direkt auf die Zellen einwirken, vergleichbar mit konstruktiver und destruktiver Energie. Besitzen nun alle Kleinstorganismen innerhalb der Zelle eine Individualität, dann werden sie mit Sicherheit den Gesamtorganismus der Zelle nicht verstehen können. Das einzelne Mitochondrium wird nicht den Sinn einer gesamten Zelle nachvollziehen können. Die einzelne Zelle wird nicht den Plan des Organs, indem sie lebt, verstehen und das Organ nicht den gesamten Menschen. Der Mensch wird nicht den Gesamtorganismus Erde begreifen und die Erde nicht den Kosmos, und doch hat jedes Individuum ein eigenes Bewusstsein und ist individuell.

Ist Bewusstsein von Größe abhängig, was ist Größe überhaupt? Der Zellbiologe Bruce Lipton behauptet u.a., dass die ca. 50 Billionen Zellen, aus denen ein Mensch besteht, alle eine eigene Persönlichkeit besitzen und kollektiv zusammenarbeiten, um die Idee des Gesamtorganismus Mensch zu verwirklichen. Die Verschmelzung oder auch Symbiose unzähliger Kleinstorganismen mit je einem eigenen individuellen Bewusstsein zum Gesamtorganismus lässt etwas Höheres entstehen. Der Gesamtorganismus Mensch z.B. glaubt nun, ein eigenes Bewusstsein zu haben, er vergisst seine Zusammensetzung aus unzähligen Kleinstwesen und deren Identitäten und entwickelt die Idee eines kollektiven Gesamtbewusstseins, was organisatorisch auch Sinn macht. Nun war u.a. auch die Rede davon, dass ein Wesen aus Materie und Energie besteht. Wellen kennen in dem Sinne keine Grenzen oder Größen, sie schwingen und bei einer Kontaktierung mit anderen Wellen bauen sie sich auf oder ab. Konstruktive/destruktive Interferenz-Dimensionen spielen in dem Falle nur sekundär eine Rolle. Ist jede Welle aufgrund ihres individuellen Verhaltens ebenfalls individuell und verkörpert eigenes Bewusstsein?
Wo beginnt und endet Bewusstsein?

Das kollektive Bewusstsein und dessen Vorteile

Im vorherigen Unterkapitel war die Rede von den Vernetzungen und Verbindungen aller Lebensformen und deren Vorteile, dies zu tun. Unterschiedlichste Organismen mit ihren Qualitäten vereinen sich zu einem Gesamtorganismus und lassen so ein höheres Bewusstsein entstehen, das mehr Möglichkeiten und Chancen hat, sich weiterzuentwickeln. Die Weiterentwicklung eines Wesens bzw. Bewusstseins scheint das Hauptziel des Lebens zu sein. Die Selektion könnte man mit einem Regulator vergleichen, dessen Ziel es ist, so optimal wie möglich die Entwicklung des Lebens zu kontrollieren bzw. zu steuern. Unbrauchbares wird selektiert und verschwindet. Eine Bewertung in dem Sinne existiert nicht. Jede Art von Strategie wird akzeptiert, solange sie erfolgreich ist. Der Vorteil dessen ist die Vielfalt des daraus Entstehenden. Es gibt nichts, was es nicht gibt.

Leben

Ich,
losgelassen vom Ganzen, alleingelassen in der Einheit und verbannt aus dem Paradies. Einsam und völlig verirrt, bin ich auf der Suche nach der Wiedervereinigung mit dem Ganzen, dem Paradies, dem Walhalla, dem Nirwana. Ich und das Ego sind verwirrt, weil wir vergessen, immer wieder das Ganze zu sehen. Deswegen müssen wir den Weg Maya gehen. Den Weg der Irrtümer und Hindernisse und des Nichtverstehens. Ursache und Wirkung sind das Gesetz des Erfahrens, Verstehens und das Wiederfinden seines Selbst.

A. Raguse

Die natürlichen Bedürfnisse eines Wesens

Wenn der Sinn des Lebens letztendlich nur die Entwicklung des Bewusstseins der Spezies darstellt, dann benötigt ein Wesen alles das, was dies voraussetzt. Abhängig von der Nische, in der es lebt, und der darin liegenden Aufgaben des Lebewesens benötigt es natürlich die dementsprechenden Instrumente. Die richtigen Sinnes- und Ausführungsorgane sind Voraussetzung, um die natürlichen Bedürfnisse befriedigen zu können.

Der Bedarf eines Wesens ist prinzipiell bei allen gleich. Jedes Leben, das aus Geist, Seele und Körper (Materie) besteht, bedarf des Stoffwechsels wegen der Aufnahme und Abgabe von außen nach innen und umgekehrt, was die Verbindung zur Außenwelt darstellt. Wegen der Reproduktion benötigt das Individuum Techniken, einen Geschlechtspartner anlocken bzw. erobern zu können, ihn zu überzeugen und gegebenenfalls auch den gefundenen Partner vor eventuellen Rivalen zu beschützen. Sind die notwendigen bzw. wesentlichen Bedürfnisse gedeckt, dreht es sich letztendlich nur noch darum, diese aufrechtzuerhalten und mit Hilfe neu entwickelter Techniken zu verbessern. Erfolge werden prinzipiell positiv empfunden und bewertet. Der Mensch bezeichnet dies als Erfolgserlebnis. Erfolge beflügeln und sorgen für mehr Motivation im Handeln. Jedes Lebewesen möchte in seinem Handeln (Tun) erfolgreich sein, was die Reflexion in der eigenen Art voraussetzt. Ein Erfolgserlebnis kann ich jedoch nur durch andere erleben, deren Aufmerksamkeit ich gewonnen habe. Ein typischer Einzelgänger, also ein Lebewesen, das nicht in einer Gemeinschaft oder Herde lebt, so wie z. B. der Tiger oder der Bär, kann zwar Erfolge beim Jagen oder bei der Partnersuche haben. In dem Fall wird er mit einem vollen Magen und eben schneller als andere sein Erbgut weitergeben können. Er bekommt jedoch kein Feedback von seinen Artgenossen, weil jeder als Einzelgänger für sich lebt. Bei Herdentieren, die in großen Gemeinschaften leben, sieht das anders aus. Soziale Bindungen, die eine Voraussetzung für die Gemeinschaft sind, bestehen aus Reflexionen. Jedes Mitglied der Gemeinschaft trägt mit unterschiedlichen Stärken zum Erhalt des Ganzen bei. Der Mensch als Gemeinschaftswesen benötigt aufgrund seiner globalen Ausbreitung und kulturellen Entwicklung unentwegt Erfolgserlebnisse. Gelingt es ihm nicht, diese zu verdienen, wird er zwangsläufig nach Ersatz suchen. In einer Gemeinschaft braucht jedes einzelne Mitglied die Anerkennung, die ebenfalls auf Erfolg aufgebaut ist. Wird ein Mitglied anerkannt, erwartet es die Bestätigung. Dies könnte man mit einer Reflexion der Emotionen vergleichen. Die sozialen Bindungen ließen auch etwas anderes – Neues entstehen, was mehr ist, als nur die gemeinsamen Interessen zu verfolgen, etwas Großartiges wie die Liebe. Die Liebe könnte man mit einem universalen Kleister vergleichen, der alles zusammenhält. Quasi ein Klebstoff göttlicher Natur. Eine Steigerung der Lebensqualität.

Wer liebt, der lebt wirklich, wer nicht liebt, der existiert mehr, als dass er lebt. Ist Liebe nur ein Privileg des Menschen? Welche Spezies nun fähig sind zu lieben, kann ich nicht beantworten, aber mit Sicherheit sind es bedeutend mehr Lebensformen, als der Mensch glaubt zu wissen. Dieser göttliche Klebstoff, der das Leben auch im totalen Chaos verbindet und zusammenhält, kann sich nicht nur auf den Menschen beziehen. Sind Emotionen die Vorstufe der Liebe? Nun, auf die Pädagogik bezogen macht es Sinn, sich auf den Menschen zu konzentrieren. Die Liebe ist natürlich eines der wesentlichsten Bedürfnisse, die zu befriedigen sind. Sie beflügelt einen, weckt Kräfte in uns und holt aus unmöglichen Situationen noch das Mögliche heraus. Gelingt es uns nicht, all die genannten Bedürfnisse, insbesondere das der Liebe, zu befriedigen, fangen wir aus einem Reflexionsmechanismus heraus an, sie zu kompensieren bzw. zu ersetzen. Das bedeutet, ein Mensch, ob jung oder alt, sucht unentwegt nach Ersatzbefriedigungen. Sich dessen nicht bewusst, wird er auf der Suche nach der Erfüllung der natürlichen Bedürfnisse alles nur Erdenkliche ausprobieren und vieles versuchen, jedoch meistens ohne wirklichen Erfolg. Vergleicht man nun die Suche nach Bedürfnisbefriedigung mit einem Motor, versteht man vielleicht den Automatismus der Suche allgemein.

Wir Menschen sind ständig auf der Suche nach einem Ersatz zur Erfüllung der unbefriedigten Bedürfnisse. Das Leben wird uns prinzipiell den Idealfall verwehren. Wir werden immer auf der Suche nach der Befriedigung der natürlichen – notwendigen Bedürfnisse sein, nur sind wir uns dessen eben nicht bewusst. Die Sichtweise eines Menschen könnte man mit dem folgenden Beispiel er-klären. Jeder kennt den Begriff der Resonanz (lat. resonare = zurückklingen) aus der Physik. Eine Stimmgabel schwingt bei einem Ton nur dann mit, wenn der Ton ihrer Eigenfrequenz entspricht. Sollte dies nicht der Fall sein, existiert dieser Ton für die Stimmgabel nicht, er ist nicht vorhanden, sie kann ihn nicht wahrnehmen. Nach der gleichen Gesetzmäßigkeit funktioniert die Wahrnehmung des

Menschen. Er wird nur das wahrnehmen, worauf seine Resonanz oder auch Affinität anspricht. Dementsprechend entdecken wir nur Neues, wenn wir in der Lage sind, dieses Neue zu erkennen. Jeder Mensch kann nur jene Bereiche der Wirklichkeit wahrnehmen, für die er eine Resonanzfähigkeit besitzt. Dies bezieht sich auf die gesamte Erfassung der Wirklichkeit. Je nach Charakter und deren Möglichkeiten besitzen wir eine bestimmte Affinität für Dinge unterschiedlichster Art und werden dementsprechend danach handeln. Z.B. auf der Suche nach dem idealen Partner, einem, der uns die absolute Liebe und Befriedigung geben kann, der uns vereint mit uns selbst. Durch den Partner aber werden wir permanent mit unserem eigenen Ich konfrontiert. Da eine Konfrontation eine Herausforderung darstellt, werden wir von unserem Selbst herausgefordert, uns mit den eigenen Schwächen auseinanderzusetzen.

Unsere einseitige Sichtweise führt zwangsläufig zum Selbstbetrug und mangelnder Einsicht. Der ersehnte Partner hält uns im Laufe der Zweisamkeit immer wieder den Spiegel vor das Gesicht und offenbart uns unsere Schattenseite, die wir allzu gerne in Verborgenheit halten. Nun benötigen wir das Außen, um nach innen reflektieren zu können. Wir nehmen das Außen durch das Atmen Trinken, Essen sowie das Hören und Fühlen in uns auf. Dabei schieben wir das eine oder andere Unerwünschte ins Abseits, wir verdrängen es und schenken ihm keine weitere Aufmerksamkeit mehr. Um die wirklichen Bedürfnisse zu finden, brauchen wir aber die Bereitschaft für die Aufnahme des Ganzen. Akzeptieren wir das Außen und Innen nicht voll und ganz, wird es für den Betroffenen zum Problem. So können die natürlichen Bedürfnisse nicht vollständig gefunden bzw. empfunden werden. Man wird automatisch zu Alternativen greifen, ohne es zu begreifen. Die Suche nach der Befriedigung ist äquivalent zur Bewusstseinsentwicklung. Erst der Leidensweg lässt uns reifen und uns dessen bewusst werden, gezielt zu versuchen, dem Automatismus trotzend sein wahres Ich zu finden. Auf der spirituellen Ebene wie z. B. im Yoga wird die Suche nach dem wahren Ich bewusst mit Hilfe von speziellen Übungen angegangen. Der Suchende (Sadhaka) durchläuft dabei acht Stufen. In einer Vorgehensweise des gezielten Suchens erlebt er Bewusstseinserfahrungen. So führt die Suche nach den natürlichen Bedürfnissen unweigerlich zum wahren Selbst – dem eigentlichen Ich. Die acht Stufen des Yoga sollten inhaltlich dargestellt werden.

Die ersten zwei Stufen **Yama** und **Niyama** sind gleichzusetzen mit ethischen Lebensregeln. Diese beinhalten Gewaltlosigkeit auf körperlich-geistiger Ebene, da Gewalt immer auf Unwissen resultiert. Was auch beinhaltet, keine bösen Worte zu denken und auszusprechen, die Leidenschaften und Gemütsbewegungen zu kontrollieren und in Harmonie mit seinen Mitmenschen leben zu wollen. **Asanas** halten den Körper stark und gesund und in Harmonie mit der Natur. Die ersten drei Stufen stellen das nach außen gerichtete Suchen dar (Bahiranga-Sadhana). Die weiteren zwei Stufen, **Pranayama** und **Pratyahara,** lehren den Schüler die Atmung zu regulieren und die Gedanken dadurch unter Kontrolle zu bringen und zu halten. Sie helfen die Sinne von der Leidenschaft und Begierde nach Objekten des Verlangens zu befreien. Diese beiden Yoga-Stufen sind als das nach innen gerichtete Suchen (Antaranga-Sadhana) bekannt. **Dharana**, **Dhyana** und **Samadhi** führen den Menschen in die innersten Tiefen seiner Seele. Der Mensch blickt nicht zum Himmel auf, um Gott zu finden. Er weiß, dass Gott in ihm ist als Antaratma, das innere Selbst. Die letzten drei Stufen bringen den Ausübenden in Harmonie mit sich selbst und seinem Schöpfer. Diese Stufen heißen Antaratma-Sadhana, die Suche nach der Seele. In tiefer Meditation werden Erkennender, Erkenntnis und Erkennen eins. Der Seher, die Sicht und das Sehen sind nicht mehr voneinander getrennt.

Nach den acht Stufen stellt sich die Frage: Ist das Bewusstsein steigerungsfähig, indem es sich seiner Zielsetzung bewusst wird? Wenn ja, dann würde dies bedeuten, ein Bewusstsein erkennt seine Bestimmung. Es will nicht mehr nach Reflexionsmechanismen handeln müssen, sondern selbst entscheidend seinen Entwicklungsweg beeinflussen können. Sich dessen bewusst sein, zu existieren bzw. zu leben, ist das eine, sich dessen bewusst sein, zu leben und es zu verstehen, ist das andere. Auf die Pädagogik bezogen würde es Sinn machen, genau hier anzusetzen. Bewusstseinsentwicklung bedarf der Anregung von außen. Gerade die Pädagogen sollten Interesse daran haben, den Kindern ein Verständnis für die eigene Wahrnehmung zu vermitteln bzw. das Bewusstsein des Kindes zu bereichern, dem Kind zu helfen, sich verstehen zu lernen, was unweigerlich zur Bewusstseinserweiterung führt. Dies sollte prinzipiell das Hauptanliegen der Pädagogen sein. Nun können Skeptiker dem gegenüber behaupten, dass dies schon längst Inhalte der heutigen Pädagogik seien und praktisch angewandt würden. Dem möchte ich aus folgenden Gründen widersprechen. Obwohl ich diesem Thema ein eigenes Kapitel eingeräumt habe, halte ich es für wichtig, diesbezüglich einige Stichpunkte vorab zu nennen, um diesem Gedanken inhaltlich einen roten Faden zu verleihen, der uns bis zum Ende des Buches begleiten wird.

1. Unser heutiger Zeitgeist ist ausschließlich politisch-wirtschaftlich geprägt. Was nicht ökonomisch ist, wird nicht gefördert. Mit anderen Worten, Schulen, Kitas und Jugendeinrichtungen werden vorsätzlich auf einem Minimum gehalten. Dies bezieht sich auf das Personal sowie auf Sachmittel.

2. Die gesellschaftliche Philosophie ist auf Konsumieren getrimmt. Da ist wirkliche Bildung nicht gefragt. Die Bevölkerung soll funktionieren im Sinne des Kapitalismus. Marionetten sind gefragt

3. Innovationen sind nur gefragt, wenn sie ökonomisch sind.

4. Es ist wichtig zu verstehen, dass wir konditioniert sind und nach dem Bandablaufmechanismus funktionieren. Erst wenn wir dies erkennen, werden wir bewusster handeln.

5. Für die Zukunft unserer Kinder dürfen wir natürlich nicht den Kopf in den Sand stecken und die Hoffnung aufgeben. Es besteht immer eine Chance, solange es Hoffnung und Aufklärung gibt.

Was ist angeboren?

Abhängig von der subjektiven Betrachtungsweise besteht die Möglichkeit, diese Frage aus unterschiedlichsten Blickwinkeln anzugehen. Ich bevorzuge diese: Im Buddhismus z.B. ist die Wiedergeburt – die Reinkarnation – die Voraussetzung für die Entwicklung einer Seele. Dies bedeutet, dass ein Leben von der Geburt bis zum Tod lediglich eine Phase, einen Ausschnitt des Wahrnehmens und Entwickelns einer Seele darstellt.

Aus dieser Betrachtung heraus gibt es in dem Sinne keine angeborenen Eigenschaften, sondern nur weitergegebene, erworbene Fähigkeiten, die von einem Leben zum nächsten verbessert bzw. spezialisierter werden. Dementsprechend werden die jeweiligen Eltern mit der passenden Genetik nach einem eigenen Gesetz der Seele (des Babys) selbst ausgesucht. Die Genetik, die das Materielle repräsentiert, spiegelt das Körperliche der Seele wider. Mit anderen Worten heißt dies, der Körper ist ein Spiegelbild der Seele, nur eben auf materieller Ebene. Der Körper ist die Projektionsfläche der Seele, auf ihr zeichnet sich jede Art von Schwäche und Stärke ab. Ein Beispiel soll dies verdeutlichen. Die Schwäche der Augen ist analog dazu die mangelnde Fähigkeit des richtigen Sehens. Die Augen als Fenster der Seele biegen und formen sich je nach individueller Betrachtung. Versteift sich die Betrachtungsweise der Seele zu sehr, verlieren die Augen ihre Beweglichkeit und sie versteifen. Die Flexibilität geht verloren. Wird ein Kind mit nennenswerter Sehschwäche geboren, haben zum größten Teil die Eltern ebenfalls eine Sehschwäche.

Vom Medizinischen her betrachtet ist dann selbstverständlich die Vererbung dafür verantwortlich zu machen. Die Genetik ist lediglich die materialisierte Reflexion der Seele und nicht umgekehrt. [6] Gehen wir von der Betrachtung der Reinkarnation aus, ist ein Leben eben nur ein kurzer Ausschnitt vom Ganzen. Wie in der Schule besteht die Möglichkeit des Nichtverstehens und Nichtweiterkommens oder, im Gegenteil, sogar eines eventuellen Schnellläufers. Die enge Sichtweise eines kurzen Lebens lässt uns glauben, dass alles sich nur in diesem Zeitraum abspiele. Vergleicht man dies analog mit irgendeinem beliebigen Schuljahr, würden alle anderen Jahre nicht existieren, weder die Jahre davor noch die Jahre Danach. Verhaftet mit solch einer Kurzsichtigkeit, degradieren wir uns in eine so einfache Weltanschauung und glauben damit dem wissenschaftlichen Anspruch gerecht zu werden. Auf der Suche nach der wahren Erkenntnis übersehen wir, geblendet von der Vielfalt, die wesentlichsten Dinge. Andere Sichtweisen, die sich mit der Frage dessen, was angeboren sein könnte, auseinandersetzen, werden entweder aus religiöser, philosophischer oder wissenschaftlicher Sicht hinterfragt; sie schenken der Seele entweder gar keine Aufmerksamkeit oder sie versuchen diese von der rationalen bzw. funktionalen Ebene aus zu verstehen. Aus jener Sicht wird meistens nach dem **Wie** und nicht nach dem **Warum** gefragt, diese Betrachtungsweise führt dann zwangsläufig zu einem anderen Ergebnis.

6 Noch einmal zur Verdeutlichung, unsere Denkweise entwickelte sich zu einer materiell-funktionalen Sichtweise, die jede Art des Zusammenwirkens von Körper, Geist und Seele erschwert bzw. behindert. Die Seele (Persönlichkeit) lässt sich nur über den Körper und Geist verwirklichen bzw. ausdrücken.

Die Bewusstwerdung benötigt zwar einen Körper – die Materie, aber letztendlich nur, um über die Erfahrungen des Leidens auf dem Weg (Maya) zu sich selbst, seinem eigenen Ich zu finden bzw. dieses zu entwickeln. Auf der materiellen Ebene ist die Weiterentwicklung der Seele als Angeborenes in der Erbinformation wiederzufinden. Das genetische Erbgut stellt eine Art materielles Startpaket dar, das jedoch ständig verändert wird durch das Verhalten der Eltern. Bereits zwei Monate vor der Befruchtung werden signifikante Weichen von den Eltern gestellt, wie der Epigenetiker und Zellbiologe Bruce Lipton 7 in seinem Buch **Wie wir werden, was wir sind** belegt. Entscheidende Kriterien spielen bereits vor der Befruchtung eine große Rolle. In welcher Verfassung befinden sich die zukünftigen Eltern, insbesondere die Mutter, die letztendlich das Verhalten des zukünftigen Vaters reflektiert!? Im vorherigen Kapitel habe ich über die entscheidende Prägungsphase eines heranwachsenden Kindes geschrieben, wie die Neuronen-Vernetzung im Gehirn eines noch ungeborenen Kindes von größter Bedeutung ist. Befinden sich z.B. die zukünftigen Eltern vor-wiegend im Stress, ausgelöst durch andauernden Streit oder Zukunftsängste und existentielle Not, oder befinden sie sich in relativer Harmonie und Erwartungsfreude? Bruce Lipton belegt anhand von Versuchen, wie die Spermien sich den äußeren Umständen anpassen. Bei Dauerstress entwickeln sie sich mehr zu Kraftpaketen, die dem Stress gewachsen sein wollen. Dafür müssen sie auf andere Fähigkeiten verzichten wie z.B. Sensibilität im Wahrnehmen und Lernfähigkeit. Zukünftige Eltern, die relativ entspannt sein können, bekommen dann mehr lernfähige Spermien

7 Bruce Lipton: Wie wir werden, was wir sind. Koha-Verlag

und Eizellen. Nach der Befruchtung spielt die Empfindung und das daraus resultierende Verhalten der Mutter eine weitere entscheidende Rolle. Jeder Streit, jede Anspannung, aber auch jede Freude und insbesondere die Liebe wird eins zu eins an den Embryo im Mutterleib weitergegeben. Das bedeutet, die Entwicklung eines Kindes hängt nicht nur von den Genen, sondern von dem Grundverhalten der Eltern ab. Jede Mimik, jeder Ton wird vom Kind (auch im Mutterleib) wahrgenommen, imitiert und als normal abgespeichert.

Welche große Verantwortung daraus erwächst, sollte allen Eltern bewusst sein. Was bedeutet, die weiterentwickelte Seele verändert sich auch auf der materiellen Ebene. Der Körper formt sich dementsprechend und bietet der Seele dafür adäquat die Möglichkeiten. So wie unsere Gedanken und Emotionen direkt auf unsere Zellen einwirken und sie verändern, formt die Seele unseren Körper. Versteift sich die Seele zu sehr auf etwas, wird sich ihr Körper über Muskeln versteifen. Man denke da z. B. an hängende Schultern, die den Gemütszustand eines Menschen zeigen, sowie den versteiften Nacken, den schmalen Mund oder eine faltige Stirn. Was ist mit der Kurzsichtigkeit? Die Beispielkette könnte endlos weitergeführt werden.

Ein indianisches Sprichwort sagt:

„Nicht der Körper tanzt, sondern die Seele“.

Wer weint oder lacht denn, der Körper, der durch das Zucken geschüttelt wird, oder die Seele? Wozu dienen die Tränen, wenn wir durch Emotionen hin und her gerissen werden? Unsere derzeitige Grundphilosophie ist völlig entartet und zweckentfremdet. Die Denkstruktur des heutigen Zeitgeistes verfolgt eine kastrierte Vorstellung vom Ganzen.

Suche und Sucht

Das Leben ist mit einem Weg zu vergleichen, dessen Ziel man kennt oder auch nicht. Derjenige, der den Weg bewusst geht, steuert dieses gezielt an, im Gegensatz zu dem, der sich auf einem Weg befindet, ohne dessen Ziel zu kennen, was immer zum Irrweg führt. Lewis Carroll hat dies wunderschön in seinem Roman *Alice im Wunderland* beschrieben, wie Alice den grinsenden Kater nach dem Weg fragt. Bezogen auf die einzelne Person, finden wir diese Gesetze im bewussten und unbewussten Verhalten wieder. Jede bewusste Handlung ist zielorientiert. Die natürlichen Gesetze sind im Kleinen wie im Großen sowie im Einzelnen oder in der Masse identisch und stehen zueinander in Korrelation. Übertragen wir analog dazu dieses Wissen auf die Suche nach Erfüllung der wesentlichen Bedürfnisse, so entstehen Parallelen zum bewussten und unbewussten Verhalten. Die verstandene (bewusste) Suche setzt einen höheren Entwicklungsstand des jeweiligen Bewusstseins voraus. Die unbewusste bzw. unerfüllte Suche (das Verirren), die die Mehrzahl der Suchenden ausmacht, führt unweigerlich in die Sucht. Der Drang nach dem Suchen entsteht prinzipiell aus dem Reflexionsmechanismus heraus. Sich dessen nicht bewusst, wird alles nur Erdenkbare ausprobiert, mit dem Risiko, evtl. erst viel später festzustellen, dass man sich in einer Sackgasse befindet. Wie ich im vorherigen Unterkapitel beschrieben habe, ist nach der Reinkarnationslehre das Leben von der Geburt bis zum Tode lediglich ein Ausschnitt vom Ganzen. Die Seele auf ihrem Weg über ihre Erfahrungen entwickelt sich weiter und findet sich dadurch immer wieder aufs Neue in verschiedenen Ebenen wieder. Unbewusstes Suchen führt prinzipiell zur Sucht, was bedeutet, dass jeder Suchende in seiner Entwicklung früher oder später ihr verfällt. Welche Art von Sucht, ist jeweils von der Affinität des Einzelnen abhängig. Demnach ist die Sucht lediglich eine Stufe oder auch Ebene der individuellen Entwicklung. Erst wenn wir uns des Suchens bewusst sind und das Warum verstehen, beginnt ein neuer Prozess des Suchens, die Bewusstwerdung, die Vereinigung mit Gott, dem All und seinen Gesetzen. Es erleichtert einen sehr, zu wissen, auf welchem Weg man sich befindet und in welche Richtung man geht. Irrwege sind dann ausgeschlossen. Man sucht nicht mehr im Außen nach der Befriedigung, sondern in sich selbst und findet dort bedeutend mehr, als man jemals im Außen gesehen hat, die Verbindung mit Gott. Die Suche hat ein Ende, man weiß, was man braucht, und geht gezielt seinen Weg und der Weg Maya verliert seine Bedeutung! Die große Versöhnung mit sich selbst und dem Ganzen findet statt.

Kapitel III
Die Chance
Die natürlichen Eigenschaften

Erst wenn drei Komponenten vereint sind, kann es Leben in der Form, wie wir es kennen, geben. Leben bedeutet **Wirken-**Körper, **Entwickeln-** Seele und **Gelingen-**Geist. Dafür braucht es zum einen etwas wie eine Bühne, eine Projektionsfläche wie einen Körper. Dann den Akteur selbst, der sich auf dieser entwickeln möchte. Der Akteur, die Seele als Darsteller benötigt nun für das Gelingen so etwas wie einen Regisseur, einen Geist, der völlig wertfrei und **anonym** ist. Der Geist ist der, der die Informationen verwertet, der organisiert und strukturiert. Umgekehrt betrachtet benötigt der Geist als Konstrukteur der Schöpfung etwas Lebendiges, etwas Strebendes wie die göttliche Seele. Gott plant mit dem Geist und erfährt über die Seele. Erfahren (Wirken) bedeutet Fühlen und dafür benötigt **er** nun eine Bühne bzw. eine Projektionsfläche, den Körper. Sprechen wir allgemein vom Leben, dann meinen wir prinzipiell Körper, Seele und Geist. Diese Dreiereinheit, die das Leben erst ermöglicht, benötigt nun Fähigkeiten, um diese Einheit aufrechterhalten zu können. Die Fähigkeit zu über leben bzw. sich weiterzuentwickeln bedarf unterschiedlichster Eigenschaften. Wie schon im vorherigen Kapitel angesprochen, benötigen alle Lebewesen gewisse Eigenschaften, die es ihnen ermöglichen zu leben. Nur so können Techniken entwickelt werden, die nötig sind, um eine eigene Nische im Leben zu besetzen. Strategien wie die der Verteidigung, der Nahrungsbeschaffung, der Partnersuche und der Fortpflanzung benötigen unterschiedlichste Qualitäten. Um dies zu veranschaulichen, werde ich auf die unterschiedlichen Eigenschaften einzeln eingehen.

Um agieren zu können, muss man seine Umwelt oder auch seine eigene Nische wahrnehmen. Dazu benötigt man dementsprechende Wahrnehmungs- bzw. Sinnesorgane. Wir Menschen benötigen, um unsere Umwelt wahrzunehmen, Augen, Ohren, Tast-, Riech- und Geschmacksorgane. Außerdem brauchen wir etwas, um die aufgenommenen Wahrnehmungen zu verwerten. Ein Organ, in dem der Geist mit Hilfe der Vernetzung von spezialisierten Zellen dieses Wahrgenommene analysieren und verwerten kann. Beim Menschen sind das die Nerven- bzw. Gehirnzellen (Neuronen), deren Ziel es ist, sich optimal zu vernetzen. Aus den gewonnenen Wahrnehmungen bzw. Erfahrungen entstehen die individuellen Sicht- bzw. Betrachtungsweisen. Was wiederum jeder Einzelne wahrnimmt, hängt von seinem jeweiligen Entwicklungsstand ab. Die daraus entstandenen Sichtweisen prägen wiederum das Verhalten zum eigenen Umfeld und verschaffen eine Vorstellung vom eigenen Leben. Diese kann als mehr positiv oder negativ empfunden werden. Hat man Erfolg in seinem Handeln? Gelingen einem Dinge leichter oder schwerer? Dieses Empfundene führt zwangsläufig zur Analyse, zur Hinterfragung der eigenen Wahrnehmungen und Handlungsweisen. Die Lebens- bzw. Weltanschauung oder auch **Philosophie** ist in dem Moment geboren.

Da die Gesetze überall gleich sind (wie im Kleinen, so im Großen), wird es im gewissen Sinne auch eine Art von **Philosophie** im Mikrokosmos geben müssen. Inwieweit man die Lebensanschauung mit der **Philo-**

sophie vergleicht, hängt von der genaueren Betrachtungsweise ab.

Die erste Eigenschaft, die einen Menschen ausmacht, ist die Philosophie, die eigene Lebensanschauung. Unabhängig vom Alter besitzt jeder Mensch, bedingt durch seine Eindrücke, eine Wahrnehmung bzw. Vorstellung vom eigenen Leben und seiner Umwelt. Jeder weiß, dass der Optimist z. B. eine ganz andere Wahrnehmung als der Pessimist hat. Entscheidend ist die subjektive Betrachtungsweise. Ich möchte gerne das tierische Verhalten mit dem menschlichen vergleichen. Obwohl die allgemeine Denkweise der modernen Wissenschaft den Tieren keinen Geist zugesteht, möchte ich ihr widersprechen und anhand einiger Beispiele der Kurzsichtigkeit etwas entgegensetzen.

Betrachten wir das Verhalten unterschiedlichster Tiere, werden wir nicht daran vorbeikommen, ihnen tiefsinniges Empfinden bzw. Wahrnehmen einzuräumen. Elefanten z.B. können den Verlust eines ihrer Familienmitglieder nicht ohne lange Trauer hinnehmen. Im Gegenteil, sie treffen sich noch Jahre später an dem Ort, wo ihr Angehöriger verstorben ist, und stehen dort gemeinsam in Andacht, um zusammen zu trauern, was bedeutet, dass sie nicht nur den Verlust, den Kummer voll verspüren, sondern auch den Ort und das Geschehen nicht vergessen haben. Emotionen werden gespeichert und verarbeitet, sie werden analysiert und abgewogen. Es wird untereinander kommuniziert, um unterschiedlichste Wahrnehmungen auszutauschen. Der Mensch beruft sich auf seine technischen wie kulturellen Errungenschaften, um sich vom Tier abzuheben. Dabei vergisst er, dass der Geist allgegenwärtig, anonym und wertfrei ist. Er manifestiert sich auf allen Ebenen und in jeder Form, wirkt im Lebendigen und im Nicht-Lebendigen. Der Geist modelliert die Materie selbst, um mit der Seele Leben zu schaffen. Er verhilft der Seele zu ihrer Bewusstwerdung. Im ersten Kapitel habe ich die verschiedenen Nischen, die von den unterschiedlichsten Spezies besetzt werden wollen, beschrieben. Damit sei gemeint, dass die Bewusstwerdung in jeder Art von Spezies möglich ist. Der Geist spiegelt sich lediglich als Reflektor im Leben wider. Somit wird jedes Lebewesen sich mit seinem Dasein auseinandersetzen und versuchen, es aus seiner individuellen Sicht zu verstehen.

In diesem Sinne besitzt es **Philosophie**. Die Philosophie lässt einen Automatismus entstehen. Aus einer Lebensanschauung heraus wächst automatisch etwas wie ein selbstbestimmtes Einhalten bestimmter Regeln, die Geduld und Ausdauer voraussetzen. Dies nennt der Mensch **Disziplin**. Der Automatismus bringt einen Entwicklungsprozess ins Rollen. Aus dem Selbst heraus entstehen all die unterschiedlichsten Eigenschaften, die ein Leben ausmachen. Auch die Fähigkeit, sich nur auf eine Sache zu fixieren, ist angeboren. In dem Moment alle anderen Dinge zu vergessen bzw. beiseitezuschieben und nur eine Sache zu betrachten, verschafft dem Lebewesen enorme Vorteile. Je mehr ein Lebewesen in der Lage ist, sich nur auf eine Sache zu fixieren, desto erfolgreicher kann es in dieser sein. Unser Handeln bekommt Qualität. Sich nur auf eine Sache zu fixieren bedeutet Konzentration. Also lässt die Fähigkeit der Betrachtung eine neue Eigenschaft entstehen, die **Konzentration**. Da die Atmung eine existenzielle Eigenschaft darstellt, schenkt man ihr nur im gehobenen Bewusstsein mehr Aufmerksamkeit. Die notwendige Verbindung mit dem Außen durch die

Atmung lässt sich wieder am Beispiel des Bewussten oder Unbewussten erklären. Bin ich mir meines Selbst bewusst? Daher ist die bewusste Atmung ein Zeichen des Bewusstwerdens.

Die Atmung als Brücke zum eigenen Ich

Im vorherigen Kapitel wurde bereits, bezogen auf das Yoga, angesprochen, in welchem Zusammenhang die Atmung zur Bewusstseinsentwicklung steht. Somit wird die Atmung zur vierten Eigenschaft. Bedingt durch die bewusste Atmung werden die nächsten Eigenschaften positiv beeinflusst bzw. gefördert. Mit wachsender Bewusstseinswerdung schaffen wir einen Raum für den/unseren Geist-/Gott, der sich in uns schöpferisch ausleben will. Wir beginnen Freude und Spaß zu entwickeln, selbst schöpferisch zu sein. So wie alles in und um uns herum Gottes Schöpfung in großer Vielfalt darstellt, konstruieren wir Ideen und erschaffen die **Kreativität**. Aus ihr wiederum wächst etwas wie Freude am Wirken. Tief aus dem Inneren empfangen wir eine Befriedigung und eine Freude am Wirken. Das **Feeling** zur Sache ist geboren. Der Automatismus ist nicht mehr aufzuhalten. Ein Gefühl aus dem Bauch heraus, ein Feeling für eine bestimmte Sache lässt wiederum etwas Neues, Sensibles wie die **Intuition** entstehen. Eine Fähigkeit, etwas aus dem Inneren heraus erahnen zu können, entsteht. Etwas wie eine Eingebung, die mir sagt, was richtig oder falsch ist, etwas nicht Vorhersehbares wird empfunden. Man kann schon bei den ersten sieben Eigenschaften erkennen, inwieweit sie miteinander korrelieren. Bei den nächsten elf körperlich-geistigen Eigenschaften handelt es sich um die, die man als das nötigste Instrumentarium bezeichnen kann. Mobilität, Stabilität, Timing usw. besitzt jede Spezies ausnahmslos, lediglich in unterschiedlichen Qualitäten.

Je nach Nische, die eine Spezies besetzt, benötigt sie die entsprechenden Qualitäten der unterschiedlichen Eigenschaften. Ein Beispiel soll dies veranschaulichen.

Entscheiden wir uns für irgendeine Eigenschaft und irgendeine Spezies, dann können wir dies analog auf alle anderen Arten übertragen. Nehmen wir das Tempo (die Geschwindigkeit) und wählen dazu z.B. den Gepard als das schnellste Landlebewesen. Im Gegenzug entscheiden wir uns für das Faultier. Der Gepard benötigt dieses Tempo, um beim Jagen erfolgreich sein zu können, wobei er aufgrund seines hohen Energieaufwands nach jedem Spurt völlig entkräftet auch einmal seine mühsam erworbene Beute an andere Raubtiere oder die Hyänen abgeben muss. Das Faultier hingegen bewegt sich aus Energiegründen extrem langsam, es muss seine Nahrung als Pflanzenfresser nicht jagen. Das Tempo spielt für es keine wirkliche Rolle, für es zählen andere Prioritäten. Dennoch gelingt es ihm, seine Art zu erhalten. So viel zu den Eigenschaften unterschiedlicher Spezies. Nun geht es darum, die unterschiedlichen Eigenschaften beim Menschen spezifisch zu fördern, um der ganzheitlichen Entwicklung gerecht zu werden. Verbessern bzw. stärken wir jede einzelne Eigenschaft, wird die Gesamtqualität des Menschen angehoben. Ein Gesamtüberblick durch eine Tabelle soll dies veranschaulichen.

Die sieben mentalen Eigenschaften als Fundament zum Verständnis und zur Bewusstwerdung

1. PHILOSOPHIE:
Es liegt in der Natur des Menschen, nach Erkenntnis zu streben, um Zusammenhänge zu erkennen. Daraus entstehen die Lebensanschauung und der Glaube.

2. DISZIPLIN:
Das Verständnis zur Selbsterziehung [8]
Bildung, Geduld und Ausdauer.

3. KONZENTRATION:
Die Kunst, den Geist und/oder Körper auf einen Punkt zu fixieren, sich zu sammeln. In dem Moment zählt nur das Eine.

4. ATMUNG:
Die Atmung als Brücke vom Geist zum Körper zur Seele. Durch bewusste Atemübungen zum gesunden Automatismus. Atmung als Gefühlskontrolle und Konditionsverbesserung.

5. FEELING:
(englisches Wort, es gibt kein treffenderes)
Aus dem Bauch heraus ein positives Gefühl, Freude und Spaß haben.

8 In diesem Fall ist der Begriff Erziehung auf einen selbst bezogen und daher legitim.

6. KREATIVITÄT:
Dinge künstlerisch zu betrachten und umsetzen zu wollen; schöpferisch sein.

7. INTUITION:
Unmittelbare Erkenntnis (ohne Reflexion), ahnendes Erfassen oder auch instinktives Handeln (Vorahnung).

Die elf körperlich-geistigen Eigenschaften als Basis vor dem Verständnis

8. MOBILITÄT:
Die Beweglichkeit des Körpers und des Geistes.

9. STABILITÄT:
Die Festigkeit oder Widerstandsfähigkeit des Charakters und Körpers.

10. FLEXIBILITÄT:
Die Biegsamkeit, Beweglichkeit eines Menschen, körperlich wie geistig (auch Veränderlichkeit).

11. TEMPO:
Schnelligkeit im Handeln, Geschwindigkeit.

12. REAKTION:
Auf etwas eingehen, Gegenwirkung oder auf Einwirken von außen handeln können.

13. SPONTANEITÄT:

Selbsttätigkeit ohne äußere Anregung, eigener innerer Antrieb, freiwillige Handlung.

14. FLUSS:

Bewegungen (geistige wie sprachliche), die frei sind von Ecken und Kanten. Fließen und weich sein im Handeln!

15. DYNAMIK:

Kraftgespanntes Handeln, Schwung oder Triebkraft.

16. TIMING:

(auch für dieses englische Wort gibt es kein besseres)
Gefühl für den Moment; Wahl des Zeitpunktes!

17. DISTANZGEFÜHL:

Das richtige Einschätzen eines Abstandes, Empfindlichkeit von der Nähe entwickeln.

18. DIFFERENZIERUNG:

Kräfte unterscheiden und/oder einschätzen können sowie selbst auf unterschiedlichsten Abstufungen eingehen bzw. handeln können. [9]

9 Ich erlaubte mir, zur Definition der 18 Eigenschaften das Standardwerk zur deutschen Sprache, den Duden aus dem Dudenverlag zu nehmen.

Zum weiteren Verständnis dessen:

Die 18 Eigenschaften lassen sich auch auf alle anderen Lebensbereiche übertragen. Ein Musiker benötigt ebenfalls alle 18 Eigenschaften, um Musik bestmöglich praktizieren zu können. Angefangen mit seiner Philosophie, die u.a. seine Musikwahl entscheidend beeinflusst. Er muss außerdem diszipliniert sein, konzentriert, er muss ein gutes Timing besitzen und die Dynamik macht die Musik erst spannend. Um Eigenes zu komponieren, braucht er Kreativität. Das Gleiche gilt auch für den Tänzer, Handwerker, Schauspieler, Maler, den Kampfkünstler und alle anderen. Die Eigenschaften lassen sich auf alle Lebensbereiche übertragen, auch auf die alltäglichen Praktiken.

Entscheidend ist nur, inwieweit sind wir uns dessen bewusst!? Meine langjährige Erfahrung im Umgang mit Menschen mit unterschiedlichstem Alter zeigte mir deutlich die Wichtigkeit dessen, dass erst ein gewonnenes Verständnis dazu beiträgt, die Dinge (was es auch immer sein mag) besser anzugehen und evtl. zu beherrschen. Mit anderen Worten heißt dies, erst müssen wir wissen, worum es überhaupt geht, um einer Sache richtig nachgehen zu können. In den unterschiedlichsten Sportarten werden die verschiedensten Eigenschaften benötigt und dementsprechend auch gefördert. Beim Tischtennis z.B. werden insbesondere Tempo, Reaktion, Differenzierung u.a. Eigenschaften trainiert, weil sie für diesen Sport eben besonders wichtig sind. Nicht anders sieht es bei allen anderen Sportdisziplinen aus, man trainiert speziell die Eigenschaften, die eigens dafür benötigt werden. Im Unterkapitel „Innovation in der Pädagogik“ wird mehr über die Zielsetzung eines sinnvollen Sportunterrichts zu lesen sein.

Die Koordination als Spiegelbild der Persönlichkeit

An den Bewegungen eines Menschen, egal, welchen, lassen sich im Groben seine Persönlichkeitsstrukturen erkennen. Mit anderen Worten heißt dies, dass wir an seinen Bewegungen erkennen können, ob jemand tollpatschig, geschickt, schwerfällig, leichtfüßig, elegant oder plump ist. Diese einfache Einschätzung zeigt schon, wie wir oft unbewusst anhand der Koordination unseres Gegenübers uns ein Bild vom anderen machen. Einfachste Bewegungen lassen äquivalent ein Persönlichkeitsbild entstehen. Jedes Wesen stimmt seine Bewegungsabläufe so ab, wie es seine Konstitution ermöglicht bzw. zulässt. Betrachten wir die Bewegungsabläufe kleiner Kinder, so erkennen wir die üblichen tollpatschigen, unerfahrenen Bewegungen, die prinzipiell bei allen in etwa gleich aussehen. Beim genaueren Betrachten erkennt man aber dennoch individuelle Nuancen.

Je älter ein Mensch wird, je mehr festigt sich sein körperlich-geistiger Entwicklungsstand und spiegelt dies noch deutlicher in seiner Koordination wider. Bewegungsabläufe müssen prinzipiell auf der geistig-körperlichen Ebene über die Muskeln abgestimmt werden, um flüssig und effektiv zu funktionieren. Genau da zeigt sich das Zusammenspiel von Geist, Körper und Seele. Ganz besonders zeigt sich dies in einfachen Bewegungsabläufen bei geistig unterentwickelten Menschen. Diese haben größte Schwierigkeiten bei den einfachsten Übungen. Der Entwicklungsstand eines Wesens lässt sich anhand seiner Koordination erkennen. Je komplizierter die Bewegungsabläufe werden, desto mehr geistige Entwicklung kann man voraussetzen. Dies ist selbstverständlich ganzheitlich zu verstehen. Unser seelisch-geistig körperlicher Zustand, der in Äquivalenz steht, zeigt eine Matrix des jeweiligen Ist-Zustands, der sich in der Koordination widerspiegelt. Dieses Wissen ermöglicht es uns durch genaue Beobachtungen, spezifische Übungen zum Instrument werden zu lassen. Defizite können so zum einen besser erkannt werden und zum anderen sind wir in der Lage, ihnen schneller entgegenzuwirken. Spezifische Übungen dazu werden im nächsten Kapitel näher beschrieben.

Die Konsequenz neu betrachten

Definiert man das Wort Konsequenz, findet man darin Beharrlichkeit und Zielstrebigkeit. Genau da möchte ich ansetzen und den Begriff hinterfragen. Was bedeutet es, konsequent zu sein? Es bedeutet, man muss von vorneherein bereit sein, Umwege zu gehen und nicht nachzugeben, auch wenn dies der unbequeme Weg zu sein scheint. Zielorientiert werden Dinge eingehalten, die zum vorgenommenen Ziel führen. Konsequenz bedeutet keine bzw. so wenige Kompromisse wie möglich einzugehen. In der Praxis eines jeden Lebewesens ist dies am Erfolg klar zu erkennen.

Die Inkonsequenz wird in der Natur sofort bestraft, im Extremfall mit der Selektion einer ganzen Spezies. Je weniger auf Kompromisse eingegangen wird, desto erfolgversprechender wird unser Vorhaben sein. Der Wichtigkeit halber möchte ich das Wort kompromisslos näher definieren, um Missverständnisse auszuklammern. Es geht nicht darum, diesen Begriff doktrinär zu betrachten, sondern vielmehr die Wichtigkeit dessen zum Ausdruck zu bringen. Zu oft wird die Konsequenz schwammig und oberflächlich betrachtet und demzufolge auch umgesetzt. Besonders in der Pädagogik sollte die Konsequenz primär eine entscheidende Rolle spielen. Wie im vorherigen Kapitel schon beschrieben, wird die Arbeit der Pädagogen aufgrund des chronischen Personalmangels, des geringen Budgets und der extremen Aufnahme- bzw. Konzentrationsdefizite der Kinder erschwert. Eine konsequente Arbeitsweise der Pädagogen ist so kaum möglich. Dennoch bleibt uns keine andere Wahl, als die Konsequenz neu für einen selbst zu definieren und einzubringen. Konsequenz und Humor stellen die wichtigsten Instrumente in der Pädagogik dar. Daher sollten wir uns permanent damit auseinandersetzen.

Lasst uns den unbequemen, aber erfolgversprechenden Weg gehen und wir werden uns unserem Ziel nähern. Dies ist nur möglich, wenn wir uns dessen bewusst sind, was wir wirklich wollen. Ist unsere Arbeit aber zu einem Muss geworden, weil wir jede Art von Spaß an ihr verloren haben, wird sie früher oder später automatisch zu einer Last. Wir müssen so oder so 40 oder mehr Stunden in der Woche arbeiten. Das bedeutet, wir müssen täglich eine Last ertragen, was nicht sein muss. Eine vorzeitige Pensionierung oder ein Lottogewinn werden dann oft zum letzten Hoffnungsschimmer, was natürlich illusorisch ist. Die Konsequenz wäre, sich zu öffnen und neue Inspirationen für seine Arbeit zu suchen. Schon in Kapitel I war von der Motivation und Reflexion die Rede. Man erkennt, wie entscheidend die eigene subjektive Betrachtungsweise ist. Nur unsere persönliche Konsequenz lässt sich in der praktischen Arbeit transformieren. Anders ausgedrückt heißt dies, das eigene richtige Vorleben wird zum Erfolgsrezept.

In Kapitel I habe ich über die Motivation sowie die Reflexion und den Humor einiges geschrieben, was nützlich sein könnte, wenn es um die Möglichkeiten geht, in der derzeitigen verzwickten Situation in den Kitas und Schulen effizienter arbeiten zu wollen. Sind wir wirklich gewillt, pädagogisch etwas zu verändern, müssen wir bereit sein, für einen selbst Register zu ziehen. Ich meine damit, bereit zu sein zur ehrlichen Selbstbekenntnis, diese auf den Tisch zu legen und sich bewusst zu machen, was man wirklich will. Dem schwachen Fleisch zum Trotz einen starken Willen zeigen.

Innovation in der Pädagogik

Nach pädagogischen Innovationen wird händeringend gesucht, solange sie dem Staat nicht extra Kosten verursachen. In einer kapitalistischen, konsumorientierten Gesellschaft bedeutet dies trotz Sparmaßnahmen, effizientere Ergebnisse in der Kinder- und Jugendarbeit zu erzielen. Die derzeitige Situation in Kitas und Schulen wird auf den Schultern der Erzieher und Lehrer ausgetragen. Gerade heute, in einer Zeit des Umdenkens und der Rezession durch Profitgier der Manager, spiegeln sich die Prioritäten des Kapitalismus wider.

Öffentliche Diskussionen in Talkshows sollen den Eindruck erwecken, die Regierung suche nach ehrlichen Konfliktlösungen. Das Gegenteil ist der Fall, diese öffentlichen Wortgefechte sorgen in Wirklichkeit dafür, den Menschen die aktuellen Entscheidungen der Regierung zu rechtfertigen und plausibel zu machen, natürlich zum Wohle des Kapitals. Geschickt werden Verschleierungsargumente benutzt, um die breite Masse zu blenden. Geschulte Rhetorik lässt den Zuschauer glauben, alles zu verstehen und sogar noch ein Verständnis zu entwickeln, wie z.B. Mindest-löhne der Gesellschaft schaden könnten. Paradoxerweise glauben dann gerade die Menschen diesen Unsinn, die den Mindestlohn am nötigsten haben. So viel zu dem, auf dieses Thema werde ich im nächsten Kapitel näher eingehen.

Nun kommen wir zur Innovation, nach der gesucht wird. Das Eki-Kinkyo (Training von Körper und Geist) bietet eine echte Chance. Die Idee bzw. das

Konzept ist unabhängig vom Budget und den materiellen Ressourcen, die zur Verfügung stehen. Wesentlich bzw. die Voraussetzung ist lediglich das Verstehen der Philosophie des Eki-Kinkyo-Konzeptes und das Umsetzen dessen. Eki-Kinkyo ist vor allem religionsunabhängig und kann durch unkomplizierte Fortbildungen für Pädagogen (die sowieso Pflicht sein sollte) erlernt bzw. angenommen werden. Entscheidend für die Umsetzung des Eki-Kinkyo-Konzeptes ist das Verständnis der ganzheitlichen Denkweise Geist, Körper und Seele. Hauptziel des Konzeptes ist es, die Kinder zu mündigen Menschen zu erziehen. Was auf keinen Fall Ziel jeder Pädagogik sein sollte, ist, die Kids durch sogenannte Erziehung in einer von uns beliebig festgelegten Richtung zu erziehen, auch wenn dies in der alltäglichen Arbeit sehr bequem zu sein scheint. Wir sollten die Kinder nicht erziehen wollen, sondern sie darin unterstützen, ihren eigenen Weg zu entdecken und zu finden. Nur die wahre Selbsterkenntnis führt zur wirklichen Mündigkeit. Die im vorherigen Kapitel aufgezählten 18 Eigenschaften stellen aus der Sicht des Eki-Kinkyo- Konzeptes den Leitfaden einer neuen Pädagogik dar, an dem sich jeder Pädagoge, aber auch Eltern orientieren können. Der Übersicht halber werden hier noch einmal die natürlichen Eigenschaften dargestellt, jeweils mit Hinweisen und Vorschlägen zum besseren Verständnis für Eltern und Pädagogen.

1. PHILOSOPHIE:

Es liegt in der Natur des Menschen, nach Erkenntnis zu streben, um Zusammenhänge zu erkennen. Daraus entstehen die Lebensanschauung und der Glaube.

Die eigene Philosophie bzw. Lebensanschauung sowie die Intention überdenken. Positive, ehrliche Lebensanschauung vorleben und vermitteln.

Das Reflexionsprinzip regelmäßig wiederholt erklären. Humor als Brücke zum anderen Ich. Positive Lebenseinstellung vorleben.

2. DISZIPLIN:

Das Verständnis zur Selbsterziehung/-Bildung, Geduld und Ausdauer.

Die eigene Disziplin überdenken bzw. hinterfragen. Erfolgserlebnisse vermitteln und insbesondere verständlich machen.

Die Wichtigkeit von Geduld und Ausdauer vermitteln. Regeln respektabel und verständlich machen. Mehr Disziplin = mehr Erfolg.

3. KONZENTRATION:

Die Kunst, den Geist und/oder Körper auf einen Punkt zu fixieren, sich zu sammeln. In dem Moment nur das Eine.

Die eigene Konzentrationsfähigkeit hinterfragen. Die Wichtigkeit der Konzentrationsfähigkeit anhand von Beispielen verständlich machen und zum Erlebnis werden lassen.

Wie Balanceübungen zur besseren Konzentration führen (Yogaregel).

4. ATMUNG:

Die Atmung als Brücke vom Geist zum Körper zur Seele. Durch bewusste Atemübungen zum gesunden Automatismus.
Atmung als Gefühlskontrolle und Konditionsverbesserung.

Die eigene Atmung beobachten bzw. kontrollieren lernen. Spezielle Atmungsübungen können Verspannungen sowie Unruhe nehmen, Regelmäßig Rechaka (die Kunst der Ausatmung), auch Mantras üben und ins Trainingsprogramm einbauen.

5. FEELING:

Aus dem Bauch heraus ein positives Gefühl, Freude und Spaß haben.

Was ist mit dem eigenen Feeling zur Arbeit? Existiert es nach so vielen Jahren noch? Habe ich noch Spaß an der Arbeit? Humor als Brücke zum anderen Ich! Lachende Kinderaugen sollten einen beflügeln! Man denke an konstruktive und destruktive Interferenz!

6. KREATIVITÄT:

Dinge künstlerisch zu betrachten und umsetzen zu wollen; schöpferisch sein.

Wie kreativ bin ich (auch in meiner Arbeit)? Die Fähigkeit zu improvisieren; offen sein für neue Ideen. (Diese Offenheit wird allerdings durch eine freiwillige Fortbildung gezeigt.) Den Unterricht künstlerisch gestalten wollen. Die Kunst als einzige Freiheit im Leben!

7. INTUITION

Unmittelbare Erkenntnis (ohne Reflexion), ahnendes Erfassen oder auch instinktives Handeln (Vorahnung).

Wie intuitiv bin ich? Das Wahrnehmen nicht berechenbarer Verhaltensweisen, unerwarteter Situationen und daraufhin handeln können. Offen sein für nicht vorhersehbare Ereignisse (insbesondere im Umgang mit Integrationskindern, aber auch mit Eltern).

Die elf körperlich-geistigen Eigenschaften als Basis vor dem Verständnis

8. MOBILITÄT:

Die Beweglichkeit des Körpers und des Geistes.

Was verstehe ich unter Beweglichkeit, inwieweit bin ich beweglich? Bin ich offen für neue Dinge? Kann ich Neues in meiner langjährigen Arbeit einbringen?
Bin ich festgefahren, vielleicht steif? Wie weit bin ich bereit, meine Grenzen zu erfahren und evtl. zu erweitern?

9. STABILITÄT:

Die Festigkeit oder Widerstandsfähigkeit des Charakters und Körpers.

Wie widerstandsfähig schätze ich mich ein, bezogen auf meine Arbeit? Reicht meine Kraft für die nächsten Jahre aus (ohne gesundheitlich zu leiden)? Wie stark bin ich? Leidet mein Privatleben unter meiner Arbeit? Inwieweit lässt sich die Mobilität mit der Stabilität kombinieren?
Statische Halteübungen zur Stärkung der Muskulatur und der Willenskraft!

10. FLEXIBILITÄT:

Die Biegsamkeit, Beweglichkeit eines Menschen, körperlich wie geistig (auch Veränderlichkeit).

Bin ich biegsam, flexibel? Gelingt es mir, den eigenen Gewohnheiten zu entkommen?

Bin ich bereit, Veränderungen zu akzeptieren? Kann ich mich anpassen, ohne meine eigene Individualität zu verlieren?

11. TEMPO:

Schnelligkeit im Handeln, Geschwindigkeit.

Wie schnell oder langsam bin ich? Was kann mich bremsen, was kann mich beschleunigen?

Wie kann ich jemanden beschleunigen bzw. bremsen? Geschwindigkeit als Herausforderung, als Anreiz zum Sieg (Wettlauf).

12. REAKTION:

Auf etwas eingehen, Gegenwirkung oder auf Einwirken von außen handeln können.

Wie ist meine Reaktionsfähigkeit? Reagiere ich immer angemessen, z. B. in Stresssituationen? Wie gehe ich mit Überreaktionen um? Wie kann ich die Reaktion bei Kindern verbessern? Kindern den Begriff Reaktion erklären!

13. SPONTANEITÄT:

Selbsttätigkeit ohne äußere Anregung, eigener innerer Antrieb, freiwillige Handlung.

Wie spontan bin ich, habe ich noch inneren Antrieb? Welchen Freiraum für Spontaneität habe ich (und die Kinder) in meiner Einrichtung trotz Regeln?

Wie reagiere ich auf die Spontaneität anderer? An der Spontaneität erkenne ich die Individualität eines Menschen! Die Spon-

taneität ist im gewissen Sinne auch (geistige) Freiheit! Den Kindern die Spontaneität erklären bzw. den Begriff verständlich machen!

14. FLUSS:

Bewegungen (auch geistige), die frei sind von Ecken und Kanten. Fließen und weich sein im Handeln!

Wie fließend sind meine Bewegungen und meine Sprache? Wo ecke ich manchmal an bzw. stolpere ich öfters? Fluss bedeutet Effizienz (Kraft sparen)! Bewegungen ohne Umweg (Sparsamkeit)! Regelmäßigkeit führt zur gesunden Motorik (Fluss)! Kindern anhand von Beispielen den Fluss verständlich machen!

15. DYNAMIK:

Kraftgespanntes Handeln, Schwung oder Triebkraft.

Wie dynamisch bin ich (noch)? Bestehen bei mir Kraftreserven (Anspannung und Entspannung)?
Überspanne ich manchmal den Bogen? Die Berechenbarkeit der Dynamik! Den Kindern die Dynamik an Bewegungen vermitteln!

16. TIMING:

Ein gutes Gefühl für den Moment; Wahl des Zeitpunktes!

Habe ich im Allgemeinen ein gutes Timing, geistig und körperlich? Im übertragenen Sinne: Terminiere ich effektiv? Die Vorteile eines guten Timings! Die Effizienz des guten Timings! Wie kann ich mein Timing und das der Kinder verbessern? Den Kindern den Begriff „Timing" anhand von praktischen und theoretischen Beispielen plausibel machen!

17. DISTANZGEFÜHL:

Das richtige Einschätzen eines Abstandes, Empfindlichkeit für Nähe entwickeln.

Wie steht es mit meinem Distanzgefühl? Wie weit lasse ich jemanden an mich heran? Wie weit (nahe) gehe ich auf jemanden zu? Welche Distanz habe ich zu Kindern, Eltern und deren Problemen? Wie verhalte ich mich distanzierten Kindern (Eltern) gegenüber? Kindern das Distanzgefühl praktisch – theoretisch plausibel machen!

18. DIFFERENZIERUNG:

Kräfte unterscheiden und/oder einschätzen sowie selbst auf unterschiedlichsten Abstufungen eingehen bzw. handeln zu können.

Wie schätze ich meine eigenen Kräfte ein? Wie gehe ich mit extrem schwierigen (anstrengenden) Kindern (Eltern) um? Welche Übungen kenne ich, die Differenzierung – körperlich sowie sprachlich – zu fördern? Kontakt-Differenzierung als Übungsprogramm, besonders wenn die Kinder herumbalgen, erfahren sie die Differenzierung am besten. Kinder lernen an jüngeren Geschwistern zu differenzieren. Ist meine Differenzierung im alltäglichen Leben immer angemessen? Begriffserklärung! Die selbstkritische Analyse der eigenen Person und der eigenen Arbeit lässt eine neue Pädagogik entstehen. Eltern wie Pädagogen bekommen die Chance, ihre Sichtweise zu ändern. Dies ist anfangs ein unbequemer Weg, aber einer, der sich lohnt. Er trägt dazu bei, sein eigenes Bewusstsein weiterzuentwickeln sowie eine ehrlichere Pädagogik zu praktizieren. Mit dem Eki-Kinkyo-Konzept ist beiden geholfen, dem Kind und den Pädagogen bzw. Eltern. [10]

10 Um jede einzelne Eigenschaft sachlich zu definieren, nahm ich mir das Standardwerk zur deutschen Sprache, den Duden.

Die Pädagogik als Lebenshilfe

Tendenziell neigt der Mensch dazu, seine eigenen Vorurteile an den Nächsten weiterzugeben, was bedeutet, dass wir Menschen nicht frei sind von Vorurteilen und festgefahrenen Meinungen. Diese Prägungen machen uns u. a. aus und genau das geben wir an unsere Kinder weiter. Nun haben Eltern und Pädagogen eine besondere Verantwortung dem Kind gegenüber. Dementsprechend müssen sie äußerst sensibel mit ihren Erfahrungen und dem Wissen, das sie vermitteln und weitergeben wollen, umgehen. Ihnen sollte in erster Linie die Wichtigkeit der Vermittlung klar sein. Trägt sie zur Bewusstseinswerdung des Kindes bei? Oder versuchen wir lediglich den Kindern dass zu vermitteln, was uns persönlich am liebsten ist? Sehr oft versuchen engagierte Eltern ihren Kindern das zu vermitteln bzw. beizubringen, was sie selbst gerne gemacht hätten oder selbst versäumt haben, wobei doch ein Kind eine individuelle Persönlichkeit besitzt, die ausgelebt möchte. Es muss in der Lage sein, sein eigenes Karma durch zu leben. Dabei sollten wir Erwachsenen dem Kind nicht im Weg stehen oder ihn erschweren. Lebenshilfe bedeutet zu helfen, Möglichkeiten zu schaffen und nicht jemanden verändern zu wollen durch das Verbiegen, Verformen oder Hinziehen in eine von uns beliebig bestimmte Richtung. Der Same einer Eiche beinhaltet bereits den ganzen Baum in seiner Größe und seiner unendlichen Verzweigung, es wäre doch dumm, während seines Wachstums aus ihm eine Tanne machen zu wollen. Wir können lediglich dafür sorgen, dass das Bäumchen am Anfang seiner Wachstumsphase vor Parasiten und anderen Dingen geschützt wird. Ordnen wir vergleichsweise jedem Charakter eine Farbe zu, dann können wir z. B. aus

Grün kein Rot machen. Wir können lediglich dafür sorgen, dass das Grün zu einem kräftigen, leuchtenden Grün wird und nicht zum blassen Graugrün. Erst wenn wir uns dessen bewusst werden, wird sich die Denkweise der Pädagogen und Eltern ändern.

Zu hohe oder völlig falsche Erwartungen führen dazu, ein Kind zu verbiegen, zu verformen und in eine falsche Richtung zu ziehen. Echte Lebenshilfe ist frei von Vorurteilen, die wir weitergeben wollen, ist frei von Bequemlichkeit in der pädagogischen Arbeit und frei von falschen Erwartungen. Echte Lebenshilfe bedeutet zum einen Konsequenz und zum anderen ein Verständnis zu haben für das Anderssein. Echte Lebenshilfe bedeutet auch, durch Beobachten erkennen zu können, welches Potenzial in den Kindern steckt und was sie wirklich bewegt. Wahre Pädagogik bedeutet Lebenshilfe und nicht Erziehung.

Die Pädagogik reformieren

So wie die Koordination eines Menschen das Spiegelbild einer Persönlichkeit darstellt, so stellt die psychosoziale Struktur der Gesellschaft den Ist-Zustand der ganzen Bevölkerung dar. Wie im Kleinen, so im Großen. Die Entwicklung eines einzelnen Menschen hängt von seinen Inputs bzw. von seinem Erlernten ab. Entscheidend für die eigene Entwicklung ist aber die Quelle seiner Inputs, mit anderen Worten, von wem lernt man?

Zum einen bringen wir Erfahrenes aus dem vorherigen Leben mit, was wir Vererbtes nennen oder auch als Anlagen bezeichnen, und zum anderen erhalten wir neue Informationen von unseren Eltern, Geschwistern, Freunden und Pädagogen. Insbesondere die Prägung der Eltern spielt eine übergeordnete Rolle. Nicht nur, dass die Eltern für den genetischen Start sorgen und ein gene-tisches Startpaket mitliefern, sondern auch deren Verhalten ist von entscheidendster Bedeutung für die Entwicklung eines Kindes. Ein Kleinkind besitzt die Fähigkeit, so gut wie 100 % wahrzunehmen und abzuspeichern. Meistens wird ein Baby unterschätzt, man glaubt, man hat es mit einem unfertigen Menschen zu tun, der weder reden noch laufen kann. Aufgrund dessen verhalten wir uns zu oft leichtsinnig in Gegenwart eines Babys. Wir benutzen im Alltag Worte oder Mimik, die vom Kleinkind dann später kopiert werden. Meist sind es Dinge, die uns selbst nicht gefallen, weil sie uns an unsere eigenen Schattenseiten erinnern. Uns dessen bewusst, sind wir in der Lage, unsere individuelle Struktur einschließlich der eigenen Genetik zu verändern. Gedanken und Emotionen üben direkten Einfluss auf den Organismus aus.

Erinnern wir uns an das Kapitel I, in dem ich diesem Thema besondere Aufmerksamkeit gewidmet habe. Der größte Einfluss kommt von den Eltern. Die Gene sind lediglich ein Startpaket, mehr nicht, was bedeutet, dass die Gene veränderbar und nicht starr und steif sind. Darauf wurde ebenfalls in Kapitel I hingewiesen. Von großer Bedeutung sind auch die Rahmenbedingungen innerhalb einer Gesellschaft und die werden von der Politik entscheidend beeinflusst bzw. geprägt. Die Philosophie der Gesellschaft trägt mit dazu bei und übt direkten Einfluss auf den Menschen aus. Die Politik ist mitverantwortlich, ob die psychosoziale Struktur der Gesellschaft sich zum Positiven oder Negativen entwickelt, was wiederum in Korrelation zum einzelnen Menschen steht. Der Idealfall wäre, die Regierung eines Staates investiert ausreichend für die Bildung und der Entwicklung ihrer Kinder, was auch Sinn macht, denn es geht schließlich um die Zukunft des Staates, der ja aus Menschen besteht. Nun ist der Idealfall eine reine Wunschvorstellung, denn die Praxis bzw. die Realität sieht anders aus. Das Interesse der meisten Regierungen folgt der Philosophie des konsumorientierten Kapitalismus und dessen Profitgier. Das bedeutet, Investitionen müssen ökonomisch sein; und in die Pädagogik zu investieren, ist von diesem Gesichtspunkt mit Sicherheit nicht ökonomisch. An Kitas, Jugendeinrichtungen und Schulen kann man nichts verdienen. Die Schulpflicht sorgt zwar dafür, dass die breite Masse halbwegs lesen und schreiben kann, aber auch nur, damit sie die Konsumangebote (die Werbung) lesen und ihre Kredite unterschreiben kann. In den Genuss einer richtigen Bildung soll das gemeine Volk nicht kommen, es soll manipulierbar bleiben und wie Marionetten funktionieren. So ist es leichter, sie zu steuern und zu besteuern. Die ganze Bildungsphilosophie wird letztendlich aus dieser Sicht heraus geformt. Die Vorbereitung auf die Schule, der Unterrichtsstoff, die Höhe des Budgets in Kitas und Schulen sowie der zu gering gehaltene Personalspiegel sorgen dafür, dass die Philosophie des Kapitalismus so funktioniert. Aufgrund dessen muss die Denkstruktur in unseren Köpfen neu gepolt werden. Pädagogen und Eltern, denen dies bewusst ist, bleibt keine andere Wahl, als gegen die Strömung des Zeitgeistes zu schwimmen, sich gegen das profitorientierte Verhalten der Gesellschaft zu stemmen. Dies mag alles andere als leicht sein, aber uns bleibt keine andere Wahl. Die Kluft zwischen Arm und Reich sowie der Elite und der dumm gehaltenen Masse wächst ständig, und das in einem immer schnelleren Tempo. Wenn wir das derzeitige Durchschnittsalter der Lehrer-/innen betrachten, kommen wir auf ca. 50 Jahre; die meisten von ihnen sind ausgepowert und es fehlt ihnen an Motivation, einen Neustart zu wagen. Ich möchte damit nicht behaupten, dass es in diesem Alter überhaupt keine engagierten Pädagogen mehr gäbe, aber die derzeitige Situation in den Schulen ist ebenso problematisch, dass für andere bzw. neue Dinge die Pädagogen meistens keine Power mehr haben. In den Kitas und Jugendeinrichtungen sieht es nicht viel anders aus, es bleibt den Pädagogen kaum noch Zeit und Raum für Innovationen. Eine Reformation ist nur möglich durch das Engagement aller Pädagogen, Eltern und anderen, die sich dessen bewusst und dementsprechend mündig sind. Denn notwendig ist die Reformation der Pädagogik allemal, es wird höchste Zeit, gegen die tickende Uhr anzugehen. Lebenshilfe statt Erziehung und

Mündigkeit statt Marionettendasein sind gefragter denn je. Prinzipiell wird aus der Notwendigkeit heraus reformiert und meistens mit Verlust des Althergebrachten. Das bedeutet, dass die jetzige Situation bis zur Eskalation so weitergehen wird, bis zur Schmerzgrenze; erst dann wird die Reformation durch engagierte Pädagogen und Eltern realisiert werden können. Natürlich wird die politische Situation von entscheidendster Bedeutung sein, mehr darüber wird in den kommenden Kapiteln zu lesen sein.

Training als Lebenshilfe

Der Anspruch, den die Eltern und Pädagogen haben sollten, um den Kindern eine bestmögliche Entwicklung zukommen zu lassen, ist nur über spezielle Übungen, die zur Ganzheitlichkeit führen, zu erfüllen. Dies bedeutet, je intensiver die Zeit für das Erlernen wichtiger Dinge genutzt wird, und ich bin davon überzeugt, dass letztendlich alles für eine optimale Vernetzung der Neuronen wichtig ist, desto effektiver ist die eigentliche Lebenshilfe. Das bedeutet, die Zielsetzung der Pädagogik (Lebenshilfe) sollte ein optimales Trainingsprogramm der Kinder gewährleisten. Es sollte ein Trainingsprogramm sein, das alle natürlichen Eigenschaften, die einen Menschen ausmachen, explizit fördert. Angefangen mit der Vermittlung einer lebensbejahenden Einstellung zum Dasein, was bedeutet, eine positive, optimistische Philosophie, die natürlich von den Eltern und Pädagogen vorgelebt werden sollte. Selbstverständlich setzt dies voraus, dass die Eltern und Pädagogen das dementsprechende Bewusstsein haben oder zumindest anstreben. Eine erfolgreiche Aufnahmefähigkeit der Kinder ist nur möglich, wenn die Konzentration und die Disziplin trainiert und den Kindern verständlich gemacht wird. Spezifische Übungen zur Steigerung der Konzentration sollten zu einem Muss in der Pädagogik werden. Außerdem macht es einen großen Unterschied aus, wenn ein Kind weiß, was Disziplin bedeutet, und deren Wichtigkeit versteht.

Bewusstes oder unbewusstes Handeln

Schon die kleinsten Kinder verstehen und akzeptieren Regeln, wenn man ihnen diese verständlich macht und respektabel werden lässt. Natürlich suchen wir alle den bequemsten Weg mit dem geringsten Widerstand. Ich glaube, die Hauptproblematik des heutigen Zeitgeistes liegt in der allgemeinen Sicht- bzw. Denkweise der Eltern und Pädagogen. Geprägt von der sogenannten Vernunft, nicht die Kinder zu überfordern, kommen die Kinder zu nur wenigen Herausforderungen. Sich wirklich geistig wie körperlich anzustrengen wird ihnen vorenthalten. Ihre Grenzen lernen sie meistens nicht wirklich kennen und fahren deshalb fast immer im Mittelbereich ihrer Fähigkeiten.

Es fehlt ihnen an Herausforderungen. Das Leben und dessen Entwicklung benötigt aber prinzipiell Herausforderungen, um sich selbst zu entwickeln und die eigenen Grenzen kennenzulernen. Effektives Training bedeutet echte Lebenshilfe. Echte Lebenshilfe bedeutet ganzheitliches Training. Ganzheitlich bedeutet optimale geistige wie körperliche und seelische Entwicklung. Optimal heißt so gut wie möglich. Betrachten wir den derzeitigen Schulsport in den Grundschulen, dann sehen wir, dass die Schwerpunkte auf die jährlich festgelegten Sommerjugendspiele ausgerichtet sind. Das heißt, die Kinder praktizieren zum größten Teil Leichtathletik und machen ansonsten Ballspiele, wobei die Ballspiele oft dazu dienen, die Zeit zu überbrücken. Es wäre jetzt zu einfach, auf die derzeitige Pädagogik zu schimpfen und deren Arbeit in Frage zu stellen, denn ich glaube, fast jeder Pädagoge möchte in seiner Arbeit das Beste geben, ob motiviert oder ausgepowert. Dennoch wird den Kindern das Wesentliche vorenthalten und die völlig sportdistanzierten Kinder, die schwer zu motivieren sind, bleiben ganz und gar auf der Strecke. Sie werden weder angeregt noch explizit gefördert. An ihnen gehen der allgemeine Schulsport und dessen Zielsetzung und Aufgaben vorbei. Der Sportunterricht sollte mehr sein als nur ein Bewegungsventil für die Heranwachsenden.

Das Gegenteil könnte der Fall sein: Der Schulsport bietet eine große Chance, die 18 Eigenschaften des Eki-Kinkyo in seinem Unterricht abzudecken, was wiederum die Defizite der Kids in den Bereichen Aufnahme-fähigkeit, Konzentration, Disziplin, Reaktion, Motorik, Timing und anderer Eigenschaften ausgleichen und die Kinder darin stärken würde. Das bedeutet, der Schulsport wäre in der Lage, einen völlig anderen Stellenwert, als er jemals hatte, zu bekommen. Er könnte sich spezieller Praktiken bedienen, um die wichtigsten Eigenschaften, die ein Kind (einen Menschen) ausmachen, zu stärken und zu fördern. Gerade im Schulsport lassen sich Konzentration und Disziplin, die absolut Notwendig sind für alle weiteren Fächer, aber auch das zukünftige Leben, spezifisch trainieren. Entscheidend sind natürlich die dementsprechenden Übungen, die zum Ziel bzw. Erfolg führen. Ballspiele oder nur Übungen aus der Leichtathletik wären dann nicht ausschließlich Inhalt des neuen Sportunterrichtes. Der Schulsport würde so eine neue Dimension einnehmen und effizienter als jemals zuvor sein. Die Beziehung zu den natürlichen Eigenschaften, die uns Menschen ausmachen, bekäme so einen höheren Stellenwert im Bewusstsein der Kinder. Begriffe wie Willenskraft, Kampfgeist, Ganzheitlichkeit und Disziplin würden für die Kinder keine Fremdworte mehr sein, sondern sie würden in ihrem Bewusstsein eine Bedeutung bekommen und ihnen zu einer eigenen Identität verhelfen. Sich seiner eigenen Identität bewusst zu sein, ist der erste Schritt zur Mündigkeit. Mündigkeit setzt wiederum Eigenverantwortung voraus, die ein neues bzw. ein erweitertes Bewusstsein entstehen lässt. Eine eigens dafür nötige Qualifikation für Pädagogen und auch für Eltern ist durch unkomplizierte Multiplikatoren-Fortbildungen zu erlangen. Inhalte solcher Fortbildungen wären unter anderem, die Techniken und deren Anwendungsmethodik zu erlernen, die zu Stärkung und Erweiterung der natürlichen Eigenschaften dienen. Dazu in den kommenden Kapiteln mehr.

Anhand einiger Beispiele möchte ich den derzeitigen Sportunterricht unter die Lupe nehmen und genauer betrachten. Nehmen wir uns von den 18 Eigenschaften eine x-beliebige heraus, wie zum z.B. das Timing. Die Kinder werden zwar im Schulsport durch einfache Ballspiele, Wettläufe und Übungen aus der Leichtathletik mit dem Timing konfrontiert, aber zum größten Teil eben nicht konkret. Ihnen wird nicht detailliert das Timing erklärt. Den Kindern wird selten die Begrifflichkeit verständlich gemacht. Dabei gibt es konkrete, spezifische Übungen für jede einzelne Eigenschaft, die es zu üben und trainieren lohnt. Erst durch das Verstehen einer Sache entwickeln wir und die Kinder ein Verständnis dafür und können durch diese wirklich wachsen. Ein zweites Beispiel soll dies noch mehr verdeutlichen. Wir erwarten von den Kindern Konzentration und Disziplin, vermitteln ihnen aber viel zu wenig darüber, was diese Begriffe bedeuten. Wie wichtig ist die Konzentration und wie kann man sie trainieren?

Die Wichtigkeit der Disziplin wird erst vom Kind akzeptiert, wenn die Regeln akzeptabel gemacht werden und die Geduld und Ausdauer verstanden wird. Automatisch wächst dann das Verständnis zur Selbstbildung. Wir erwarten meistens zu viel und vergessen oft dabei, das zu erklären und verständlich zu machen, was wir von den Kindern erwarten. Genau da sollten wir ansetzen. Die Begrifflichkeit zu erklären, sollte zu einem Muss werden und die natürlichen Eigenschaften zu trainieren zum täglichen Programm. Ich bin davon überzeugt, dass spezifische Konzentrationsübungen (Balance und Atmung) prinzipiell in allen Fächern für mindestens fünf bis sieben Minuten eingebaut werden sollten. Der Erfolg würde für sich sprechen. Vor jeder Mathematikarbeit oder jedem Diktat wäre es sinnvoll, mit den Kindern gezielt die Konzentration zu suchen. Interessant dabei ist auch der positive Nebeneffekt, und zwar in dem Sinne, dass die Lehrer/innen selbst davon profitieren, denn auch sie bekommen die Chance, für einen kurzen Moment allgemeine Ruhe einkehren zu lassen, um auch sich selbst sammeln zu können. Jeder, der als Pädagoge täglich mit vielen Kindern beschäftigt ist, weiß es zu schätzen, kurze Momente der Entspannung zu erleben. Denn Entspannen bedeutet Energie tanken und das ist besonders wichtig in einem solch verantwortungsvollen Beruf. Wie schon im vorherigen Kapitel erwähnt, benötigen die Lehrer/innen lediglich eine leicht zu erlernende Methodik, die durch unkomplizierte Fortbildungen zu erlernen ist. Das Schulwesen sollte endlich Prioritäten setzen und Wert legen auf die richtige Anwendungsmethodik. Nach Innovationen zu suchen bedeutet nicht unbedingt, mehr Ausgaben haben zu müssen. Der größere Teil der Fortbildungen für Pädagogen ist meiner Meinung nach reine Zeitverschwendung, inhaltlich bringen sie den Pädagogen nichts Relevantes. Da jeder Pädagoge verpflichtet ist, an einer bestimmten Anzahl von Fort- und Weiterbildungen teilzunehmen, macht es gerade da großen Sinn, das Richtige anzubieten. Auch hier sollte die Effizienz genauer betrachtet und hinterfragt werden. Wer bietet was an Fortbildungen bzw. Weiterbildungen an? Ich bin überzeugt davon, dass eine positive Veränderung in der Pädagogik ausschließlich über qualifizierte Fortbildungen, die selbstverständlich bindend sein sollten, möglich ist. Ich werde zu diesen Thema noch mehr in Kapitel V eingehen müssen.

Kampfkunst als Notwendigkeit

So archaisch dies auch klingen mag, ich bin davon überzeugt, dass jeder Mensch im Laufe seines Lebens bzw. seiner Entwicklung sich mit der Kampfkunst bewusst auseinandersetzen sollte, und das praktisch wie theoretisch. Die Kampfkunst beinhaltet alle Gesetze des Lebens oder, anders formuliert, das Überleben in der Natur ist die hohe Kunst des Kampfes. Jedes Lebewesen vom größten bis zum kleinsten (auch im Mikrokosmos) unterliegt den gleichen Gesetzen. Je nach der Nische, in der ein Lebewesen lebt, entwickelt es die dementsprechenden Techniken und die dafür notwendigen Werkzeuge, um so effektiv wie möglich in dieser agieren zu können.

Das bedeutet, das permanente Üben bestimmter Eigenschaften, die nötig sind, wie z.B. die Nahrung zu organisieren, sich vor Rivalen zu schützen und andere lebenserhaltende Dinge zu bewerkstelligen, ist unausweichlich. Jede Lebensform agiert und reagiert in ihrem Dasein. Effizienz wird so zur Selbstverständlichkeit, was bedeutet, dass ein Lebewesen sich evolutionär optimal entwickeln muss, um nicht als Art selektiert zu werden. Dementsprechend werden erfolgversprechende Techniken entwickelt. Die Kampfkunst verfolgt die gleichen Ziele, sie sucht zum einen das optimale Effiziente und zum anderen legt sie Wert darauf, die natürlichen Eigenschaften, die ein Lebewesen ausmachen, gezielt zu trainieren. Inwieweit bei Tieren das Trainieren bewusst und gezielt praktiziert wird, lasse ich hier als Anregung im Raum stehen. Ein kleiner Hinweis wäre jedoch das Kapitel II. Nun zurück zum Training, dessen wir Menschen uns mit Sicherheit bewusst sein können.

Im Laufe meiner weit über 40-jährigen Praxis im Kampfsport machte ich die unterschiedlichsten Erfahrungen. Ob die Teilnehmer nun jung oder alt, gebildet oder nicht gebildet waren, spielte keine wirkliche Rolle, entscheidend waren immer die jeweiligen Intentionen des Ausübenden. Ich meine damit, dass die mitgebrachte Absicht und Willenskraft für eine bestimmte, vorgenommene Sache von entscheidendster Bedeutung ist. In der Tierwelt ist der Kampf ein wahrer Überlebenskampf; dies unterscheidet ihn von unserem Überlebenskampf. Unser soziales Netz fängt auch den Schwächsten irgendwie auf, wir werden nicht einfach selektiert. Aufgrund dessen benötigen wir keine echten Überlebenstechniken, wir Menschen kommen schon irgendwie zurecht. An der Masse der Menschen kann man ganz deutlich die Mittelmäßig bis Mangelhaftigkeit erkennen. Die Willenskraft und der Kampfgeist der Masse beziehen sich lediglich auf das einfache Dahinleben und mehr nicht. Die meisten Menschen gehen aus Mangel an Willenskraft immer den Weg des geringsten Widerstandes. In der Kampfkunst werden jedoch eigenen Willenskraft, kontinuierlich trainiert und die eigenen Grenzen ständig angetastet. Die Reaktion, Geschwindigkeit, Beweglichkeit, Kraft, Konzentration sowie andere Eigenschaften, die uns ausmachen, sind natürlich alle analog auf die alltäglichen Herausforderungen zu übertragen. Die Konzentration, Reaktion usw. benötigen wir in allen Lebenslagen. Das heißt, dass jede Eigenschaft in Korrelation zum Leben steht.

Gerade deswegen ist die Kampfkunst von so großer

Bedeutung und sollte von jedem, zumindest für eine bestimmte Zeit, ausgeübt und dadurch verstanden und verinnerlicht werden. In den meisten asiatischen Ländern wird der Kampfsport zur Persönlichkeitsbildung in den Schulen als normaler Unterricht angesehen. Gerade zur Persönlichkeitsbildung ist es wichtig, die eigenen Grenzen zu erfahren. Betrachten wir diesbezüglich die Naturvölker; dabei spielt es keine Rolle, auf welchem Kontinent wir uns bewegen. Deren tief verwurzelte Rituale, die dazu dienen, eine Persönlichkeit in ihrem Reifungsprozess zu begleiten, bieten den Heranwachsenden eine Möglichkeit, sich zu erproben bzw. ihre eigenen Grenzen zu erfahren. Diese Rituale sehen unter anderem so aus, dass der Heranwachsende nur zum Mann wird, wenn er selbst und allein einen Leoparden oder Tiger erlegt oder eine seltene Pflanze, die nur unter unmöglichen Bedingungen zu erlangen ist und größte Gefahr beinhaltet, ins Heimatdorf bringt, und das in einer bestimmten Zeit. Egal, welche Hürden sie auch zu überwinden haben, es sind große Aufgaben oder auch Prüfungen, die sie zum erwachsenen Mann werden lassen. Das damit abgeschlossene Kapitel lässt den Prüfling reifen, denn er musste sich dafür vorbereiten und bereit sein. Hat er die Prüfung bestanden, verabschiedet er sich automatisch von seinem bisherigen Lebensabschnitt und begibt sich in einen neuen, das Erwachsenwerden. Die moderne Zivilisation, wie wir sie kennen, besitzt solche Mechanismen nicht und hat deswegen große Probleme mit den Heranwachsenden, die natürlich adäquat die Herausforderungen suchen und in der Regel nicht finden. Die Kriminalität dient dann oft als Kompensation für die Herausforderungen. Unsere Gesellschaftsstruktur schafft derzeit keinen wirklichen Raum für die natürliche Entwicklung eines Heranwachsenden. Die Gewohnheiten der Erwachsenen wie Rauchen und Alkohol werden dann fälschlicherweise von den Jugendlichen als Rituale imitiert, zum großen Bedauern. Wie schon erwähnt, ist der Kampfsport bzw. die Kampfkunst eine echte, wirkliche Chance für die natürliche Entwicklung eines heranwachsenden Mannes. Ich betone ganz bewusst den männlichen Aspekt, und zwar aus folgendem Grund. Jede werdende Mutter, egal, wie alt sie ist, wird den Prozess der Entwicklung zum Erwachsenen durchmachen. Dies macht den weiblichen biologischen Mechanismus aus. Aus der Sicht der Frauen, die in fast allen Kulturen gesellschaftlich weniger Rechte hatten und zum Teil noch haben, besteht die Herausforderung im Gegensatz zum Manne darin, ihre Gleichberechtigung zu erkämpfen. Sie besitzen klare Ziele, die sie zur Persönlichkeitsentwicklung brauchen. Heute ist es selbstverständlich, Frauen bei der Polizei, Armee oder in Führungspositionen zu sehen. Natürlich ist es nur eine Frage der Zeit, dass die Frauen auch die gleiche Honorierung für ihre Arbeit erhalten.

Dieser Kampf der Gleichberechtigung stellt eine gesunde Herausforderung für das weibliche Geschlecht dar. Dies fehlt aber im Gegenzug dem männlichen Geschlecht. Erinnern wir uns an die Rituale der Naturvölker aller Kulturen. Erst die Herausforderung lässt einen Menschen reifen und dadurch sein Bewusstsein wachsen. Was unterscheidet nun den Kampfsport von der Kampfkunst? Prinzipiell verfolgen beide die gleichen Ziele, wenn es um die Effektivität in der Aktion geht. Im Kampfsport geht es in erster Linie darum, in Wettkämpfen sich zu testen und durch andere seine eigenen Grenzen kennenzulernen. Dafür investiert der Schüler oder auch Ausübende einen großen Teil seiner Trainingszeit. In der Kampfkunst dagegen investiert der Ausübende seine Zeit nicht nur für die Vorbereitung von Wettkämpfen, sondern seine Intentionen sind mehr kreativer Art. Er, der Ausübende, legt mehr Wert auf Formen und Bewegungen. In beiden Fällen jedoch besteht die Möglichkeit der Herausforderung und des Sich selbst-Testens. Je nach der Affinität eines Menschen besteht die Möglichkeit, entweder Kampfsport oder Kampfkunst auszuüben. In beiden Beispielen besteht die Chance des Erfolgserlebnisses und der Herausforderung. In Kapitel II wurde über deren Zusammenwirken berichtet. Erfolgserlebnisse sind Nahrung für unsere Seele. Was spricht dagegen, den allgemeinen Schulsport mit Judo, Karate oder Kung Fu zu bereichern? Würde man den allgemeinen Schulsport aus einer anderen Sichtweise betrachten, hätten der Kampfsport oder die Kampfkunst einen Platz im alltäglichen Unterricht. In solch einem Fall würde man viele Fliegen mit einer Klappe schlagen. Das schwächste Kind würde so gestärkt, das Kind mit der größten Unruhe würde ruhiger und das auffälligste Kind würde bescheidener werden. Der Kampfsport bzw. die Kampfkunst ist wirkliche Lebenshilfe, sie stärkt die Persönlichkeit ganzheitlich und ist echte Lebenshilfe statt Erziehung (siehe Kapitel II und die natürlichen Bedürfnisse eines Wesens und die Auswirkungen der Erfolgserlebnisse).

Kapitel IV
Die Wahrheit
Politik und Bildung

Zu Beginn dieses Kapitels möchte ich mit der Definition von Politik ansetzen und einige Begriffe und deren Bedeutungen hinterfragen, z.B. welchen Zweck die Politik verfolgt bzw. beinhaltet und wessen Interessen sie vertreten sollte. Ursprünglich ist die Idee der Politik die, dass sie in Korrelation zum einzelnen Bürger steht. Jeder einzelne Staatsbürger profitiert normalerweise von einer guten Politik und umgekehrt. Ich meine damit, dass das Wirken der Politik in einer Wechselbeziehung zum einzelnen Bürger stehen sollte.

Jeder einzelne Bürger eines Staates profitiert von einer guten Politik und der Staat bzw. dessen Politik profitiert vom einzelnen Bürger durch Staatstreue, Steuerverständnis und Patriotismus. So würde der Idealfall aussehen. Die jeweiligen Minister (lat. Diener) mit ihren unterschiedlichsten Aufgaben und Funktionen würden ehrliche Arbeit leisten und der Staat hätte gute Chancen zu funktionieren. So könnte die Gesellschaft optimal zusammenhalten! Nun sieht die Wirklichkeit leider anders aus. Die Interessen des Bürgers bzw. der Bevölkerung werden von der Politik und deren Politikern nicht im Geringsten wahr- bzw. ernst genommen, im Gegenteil, die Politik lässt sich hauptsächlich korrumpieren und verkauft aus Profitgier ihre politische Ideologie, just fällt mir dabei Goethes „Faust" ein. Stellt man sich nun die Frage, wie viele Politiker in irgendeinem Gremium sitzen, zufällig im Aufsichtsrat irgendeiner großen Firma oder in irgendeinem Unternehmen involviert sind, werden wir zwangsläufig feststellen, dass letztendlich alle bekannten Politiker in irgendeiner Führungsposition zu finden sind. Kein Arbeitnehmer außer einem Politiker kann sein Gehalt selbst bestimmen, was so viel bedeutet, dass sie letztendlich alle, wenn es um ihre Honorierung (Diäten) geht, an einem Strang ziehen und die gleichen Interessen verfolgen. Diese Interessengemeinschaft allein sorgt schon für eine große Ungerechtigkeit im System. Noch Weiteres soll zu diesem hinzugefügt werden. Wessen Interessen verfolgt die Politik nun wirklich? Jeder, der einen gesunden Menschenverstand hat, kann sich diese Frage selbst beantworten. Betrachten wir in diesem Fall die Evolution mit deren Selektionsmechanismen und beziehen diese analog auf die Gesellschaftsstrukturen und deren Führungen, wird dieses System automatisch transparenter. Jede Gemeinschaft (Gruppe) benötigt allgemein eine Führung, die alles organisiert im Sinne der Allgemeinheit, die der Gesellschaft dient 11 und deren Interesse verfolgt, wobei das Interesse der realen Macht ausschließlich ihrer Weiterentwicklung bzw. ihrer Expansion dient.

Die Macht soll unbedingt erhalten bleiben.
In Kapitel II wurde darüber bereits ausführlich berichtet. Auf der biologischen Ebene finden wir die gleichen Gesetze im Krebs wieder. Krebs verfolgt nur ein Ziel, das ultimative Wachstum. Der gleiche Reflexionsmechanismus findet sich im kapitalistischen Verhalten, der sog. Elite, wieder. Mit anderen Worten, das **Kapital** und dessen **Imperium** verfolgt nach einem

11 Unter einer Führung sollte man auch den Schutz und die Organisation verstehen, da die breite Masse natürlich sich nicht selbst organisieren kann. Dieses Wissen allein reicht schon aus, um die Masse instrumentalisieren zu können.

Automatismus nur die Expansion. Dieser entstandene Automatismus lässt keine Abweichungen zu. Nach einem natürlichen Gesetz rollt er in eine Richtung und scheint unaufhaltsam zu sein.

Der Kapitalismus und der Krebs haben unheimlich viel gemeinsam. Beide verfolgen das gleiche Ziel, das der Expansion. Bekannt ist, dass der Krebs unweigerlich zum Tod führt, wenn der Wirt nicht rechtzeitig die Kurve kriegt. Das bedeutet, der Wirt muss erkennen lernen, dass seine Richtung die falsche ist, er muss quasi sein Bewusstsein zum Leben ändern. Begreift er dies nicht, wird er mit seinem Krebs sterben. Dem Krebs fehlt es an jeglicher Philosophie bzw. Perspektive, nur Wachstum ist angesagt. Er (der Krebs) reflektiert das, was die betroffene Person (der Wirt) nach außen hin versäumt hat zu leben. Mit anderen Worten, Krebs offenbart die Versäumnisse des Wirtes, des betroffenen Menschen. Die Machtansprüche, die jedes Lebewesen hat, wurden nicht wirklich gelebt und müssen nun mehr im Inneren ausgelebt werden. Der Organismus selbst muss nun diese Kämpfe führen, die außen umgangen wurden. Beziehen wir dies analog auf das politisch-kapitalistische Geschehen einer Gesellschaft, dann kommen wir zwangsläufig zum Kapitalismus. Er verfolgt nach einem Automatismus die gleichen Ziele des totalen Wachstums. Deren Philosophie ist der Machtanspruch zu den Superlativen. Kompromisse existieren nicht wirklich, höchstens Verschleierungstechniken, die dazu dienen, die Macht aufrechtzuerhalten. Es wäre naiv anzunehmen, es gehe der Macht um soziale und menschliche Gerechtigkeit. Man könnte fast annehmen, dass der Automatismus eine Menschlichkeit nicht mehr zulässt, dass sie ihm unmöglich ist. Die gekauften Politiker, die die Führung repräsentieren, werden zum Sprachrohr der wirklichen

Macht, des Kapitals. Jede Art von Schauspiel weltwirtschaftlicher Natur ist prinzipiell ein großes Ablenkungsszenarium. Bei solch einer Interessengemeinschaft stellt sich selbstverständlich die Frage, inwieweit die Weltbevölkerung, die sich noch dazu explosionsartig vermehrt und so ebenfalls eine Gefahr für den Planeten und die Spezies Mensch darstellt, eine Bildung besitzen soll. Wenn das Volk zu viel weiß, könnte es Schwierigkeiten machen und vielleicht rebellisch werden. Es (das Volk) kann dann nicht so leicht gelenkt werden und es würde auch weniger das Unnützliche konsumieren und so nicht gut funktionieren. Nein, ehrliche Absichten für eine vernünftige Schulbildung können nicht existieren. Die Schulbildung soll lediglich auf einem Minimum gehalten werden. Spezialisten und Fach-leute für Forschung, Industrie sowie Militär und Raumfahrt werden selbstverständlich herangezüchtet, ansonsten soll die breite Masse recht dumm bleiben. Mündige, also selbstständige Menschen sind eben zu unbequem und werden als Sand im Getriebe angesehen. Für die Gesellschaft sind sie unerwünscht und werden nicht gefördert. Sollten sie jedoch zu laut werden und evtl. von zu vielen gehört werden und stellen eine Gefahr dar, gibt es Mittel und Wege, sie zu bremsen, und im Extremfall schaltet man sie einfach aus. So viel zur Demokratie.

Wer profitiert von wem?

Betrachten wir diese Frage aus der philosophischen Sicht, besteht die Möglichkeit zu behaupten, jeder profitiert vom anderen. Jene, die die Macht haben und die Masse ausbeuten, und im Gegenzug die breite Masse als Bevölkerung, weil sie selbst nicht dazu fähig ist, eine soziale gesellschaftliche Struktur zu organisieren, aber deren Vorteile in Anspruch nimmt. Die, die vom Kapitalismus profitieren, werden prinzipiell Argumente besitzen, um diesen als notwendig zu zementieren.

Die Bevölkerung wird durch gekonnt rhetorische Verwirrungsargumente so beeinflusst, dass sie am Ende noch glaubt, ihr eigenes Elend sei gleichzusetzen mit dem angeblichen Elend der reichen Manager. Die Worte, geschickt verpackt, mit der richtigen Intonation, die permanent wiederholt werden, wirken dann fast schon hypnotisch.

Wenn in öffentlichen Talkshows z. B. über Mindestlöhne diskutiert wird, lassen sich die Menschen so einlullen, dass sie sogar dann applaudieren, wenn gesagt wird, ein Mindestlohn schadet der Wirtschaft und so der Gesellschaft. Wobei ein tariflich festgelegter Mindestlohn prinzipiell Inhalt der sozialen Marktwirtschaft war und als völlig normal angesehen wurde. Aber aufgrund der Globalisierung (ein neues Wort, das zum Instrument der Ausbeutung wurde) wird der Mindestlohn zur angeblichen Gefahr. Hier die Geschichte, wie wir sie kennen: Kolonialisierung, Versklavung, Leibeigene, Armee, unterbezahlte Arbeitnehmer, Minijobber, kein Mindestlohn, Hartz-IV-Empfänger und letztendlich 1-€- Jobber. Wer wirklich von wem profitiert, lässt sich an der größer werdenden Kluft zwischen Arm und Reich deutlich erkennen. Den Mehrverdienern geht es in den letzten 15 Jahren mehr als zehnfach so gut und die Schlechtverdiener haben in der gleichen Zeit bis zu 22 % weniger Einkommen. Die Armut, allein in Deutschland, ist von 1996 bis 2009 um 17 % gestiegen, wobei die, die mehr als das 200-fache Einkommen haben, seitdem einen Zuwachs von 9 % bekommen. Zwangsläufig führt dies zur Fragestellung, wo soll das hinführen bzw. wie soll das enden? Welche Absicht wird verfolgt? Die weltweite Vernetzung des Kapitalismus nimmt deutlich zu. Man denke da an die ehemaligen sog. kommunistischen Länder, die dem Kapitalismus heute genauso verfallen sind wie die westlichen Staaten. Die Globalisierung führt zur kapitalistischen Allianz. Die Zukunft des Planeten ist schon verplant. Steuern wir vielleicht auf einen modernen, gut getarnten faschistischen Weltstaatskapitalismus zu? In dem es wieder Leibeigene und Sklaven geben wird, natürlich mit anderen Bezeichnungen, denn man passt sich ja der Zeit an? Eine totale Überwachung würde dies voraussetzen. Die derzeitige Technologie lässt dies bereits zu, wenn man da an das amerikanische Computerprogramm „Genoa" denkt.

„Genoa spioniert andere Rechner aus, infiltriert ungeschützte Laufwerke und saugt, einem „Informations-vampir" gleich, Hinweise und Angaben in seine eigene, riesige Datenbank. Noch schlimmer ist das geheime, internationale technische Spionagesystem, dessen Name nur geflüstert wird: Echelon. Echelon fängt angeblich jedes Telefonat, Fax, E-Mail und SMS (weltweit) ab und speichert sie in einem riesigen Netzwerk von High-Tech-Computern, die „Dictionaries" (Wörterbücher) genannt werden, um bestimmte Schlüsselwörter wie z. B. Bombe, Atten-

tat, Planung, Organisation usw. herausfiltern und ihnen sofort nachgehen zu können.“ 12

Diese und selbstverständlich noch uns völlig unbekannte Systeme könnten für eine totale Überwachung weltweit sorgen. Wer verfolgt diese Interessen und warum? Genau hier könnte man sich spätestens die Frage stellen, was hat das mit der Pädagogik zu tun? Viele wissenschaftliche und politische Themen habe ich bisher angesprochen und das beabsichtigt, denn die verfolgte Philosophie einer Staatsmacht mit deren Absichten ist von größter Bedeutung und spiegelt sich in der allgemeinen Pädagogik wider. Die praktizierende Pädagogik steht in Korrelation zur Absicht der Staatsideologie. Man denke da an die Staatsmacht des Dritten Reichs, die der DDR oder die von Stalin im ehemaligen Russland. Versteckt finden wir solche Absichten in jedem Staat. Natürlich auch in den sogenannten Demokratien. Dort sind sie heuchlerisch versteckt und getarnt in der angeblichen Meinungsfreiheit. Im nächsten Unterkapitel werde ich auf dieses Thema näher eingehen.

12 James Bamford: Body of secrets: Anatomy of the Ultrasociet National Security Agency, New York, Doubleday 2001

Profitgier und deren Auswirkungen

In Kapitel II habe ich die Hintergründe der Sucht, die Folgen und deren Beweggründe beschrieben. Außerdem die Gesetzmäßigkeiten und deren Verhältnis vom Großen zum Kleinen und umgekehrt. Bezieht man diese eben genannten Gesetzmäßigkeiten analog auf das Verhalten der Machtausübenden, fällt es einem schwer zu glauben, dass Menschen anderen Menschen so viel Leid zufügen können. Wer zieht an den Fäden, die alles entscheiden, auf diesem Planeten? Natürlich die, die die größte Macht ausüben können, wie z.B. die Waffen- und Erdöllobby und die Pharmaindustrie, die alle von den Zentral- bzw. Notenbanken infiltriert sind. Ihre Philosophie kann nur eine durch Gier geleitete Macht sein. Wo sie letztendlich hinführt, lässt sich an der heutigen globalen Situation deutlich erkennen.

„1200 Milliarden Dollar jährliche Rüstungsausgaben stehen lediglich 30 Milliarden entgegen, die dem weltweiten Hunger ein Ende setzen könnten (...). Explodierende Weltmarktpreise für Nahrungsmittel, Unruhen mit Toten in leidgeprüften Ländern und über 850 Millionen Hungernde und Unterernährte, unter den Ärmsten der Armen – wobei in den Konsumgesellschaften gezielt mehr produziert als konsumiert wird. Täglich werden dort zig Tonnen Lebensmittel weggeworfen.“ [13]

13 Auszug aus dem Internet 2010, Welternährungsgipfel, das Expertencredo

Was aber nur die Spitze des Eisberges zu sein scheint. Die Interessen bzw. die Gier der Waffenlobby ist nur durch Kriege zu befriedigen, um deren Umsatz ins Unermessliche zu steigern. Dabei werden die Waffen selbstverständlich an beide Seiten der kriegerischen Parteien vom selben Händler verkauft. Moral und Patriotismus besitzen die Waffenfirmen nur zum Schein. Die Erdöllobby profitiert davon, wenn es dann um das Erkämpfen weltweiter Ressourcen geht. Diese werden durch inszenierte Intrigen, um politische Unruhen in den jeweiligen Ländern zu erzeugen **14**, militärisch besetzt. Selbstverständlich nur, um deren Sicherheit zu gewährleisten bzw. die Ordnung wiederherzustellen. Selbst gezüchtete Diktatoren werden entmachtet, um dort angeblich die Demokratie einzuführen. Welche Argumente auch benutzt werden, letztendlich geht es nur um die Sicherstellung der weltweiten Ressourcen. Länder ohne nennenswerte Bodenschätze sind völlig uninteressant, ob dort nun irgendein Diktator jede Art von Menschenrechtsverletzungen begeht, interessiert niemand. Wenn in solch einem Land täglich mehr als tausende Menschen an Hunger oder Terror sterben, wird dies in den Nachrichten zu einem maximal einminütigen Bericht, mehr nicht. Es wird lediglich kurz erwähnt. Letztendlich zählt nur, was profitabel bzw. ökonomisch ist. In einer konsumorientierten Gesellschaft ist es anscheinend besser, die Welt durch eine rosa Brille zu betrachten. Wir werden durch den Konsum und den Medienbrei verseucht und narkotisiert. Wie in einem Zustand des Halbschlafes gelingt es uns dann, die grausame Realität nur über den Bildschirm wahrnehmend zu ertragen. Unmittelbar nach solch einer Berichterstattung über das Elend dieser Welt

14 Auch bekannt als: Operation unter falscher Flagge

werden Bilder des Truges in Form von Friede- Freude-Eierkuchen gezeigt. Sendungen wie z.B. **Promi-Kochen**, **Wer wird Millionär** und **Wetten dass** sorgen dann für eine fröhliche Ablenkung, damit wir besser schlafen können. Die Waffen- bzw. Erdöllobby stellen zwei Säulen der Weltmacht dar, der dritten Säule, der Pharmaindustrie, möchte ich (weil es sich lohnt) ein extra Unterkapitel widmen.

Die drei Säulen der Pharmaindustrie

Der Pharmaindustrie ein eigenes Unterkapitel zu widmen, liegt an deren Tragweite und Methodik. Um zu verstehen, um welche Tragweite es sich handelt, muss man ihre Struktur und Ideologie kennenlernen. Die Pharmaindustrie ist auf drei Säulen aufgebaut:

1. Medikamente,
2. Impfstoffe,
3. Pestizide.

Fangen wir mit der ersten Säule an – den Medikamenten:

Die erste Säule

Jeder versteht die Ideologie bzw. Philosophie eines gewinnbringenden Unternehmens. Mit Medikamenten zu handeln, bedeutet ein großes Interesse an kranken Menschen haben zu müssen. Ich meine damit ganz klar und provokativ, je mehr Menschen krank sind, desto höher sind deren Einnahmen. Erschreckende Zahlen sollen dies untermauern. Die Pharmaindustrie investiert gerade mal 17,5 % ihres Gesamteinkommens für die Forschung, aber mehr als 40 % für die Werbung. Ein echtes Interesse an der Wirkung ihrer hergestellten Medikamente wäre nicht wirklich Geschäftsfördernd. Weltweite Medikamentenskandale mit teilweise erschreckendem Ausmaß sind nur ein Beleg für deren Geschäftsideologie. Nicht selten werden vom Markt genommene Medikamente mit einem neuen Namen gewinnbringend wieder eingeführt. Man braucht nur ein -mol- hinten dransetzen und ein -Yvorne entfernen und schon hat das gleiche Medikament einen neuen Namen. Noch dramatischer ist es, wie schnell heute bei Kindern von Ärzten ADS oder ADHS diagnostiziert wird. ADS steht für Aufmerksamkeitsdefizitsyndrom, ADHS für Aufmerksamkeitsdefizit-/Hyperaktivitäts-Syndrom.

Wie kommen nun die Ärzte im Allgemeinen zu solch einer Diagnose, dass ein Kind entweder Aufmerksamkeitsdefizite oder eine sogenannte Hyperaktivität besitzt? Letztendlich erhalten sie diese Informationen nur durch die Aussagen ratloser Eltern oder Pädagogen. Es gibt keinerlei Technik bzw. Methodik, um ADS oder ADHS diagnostizieren zu können. In einer Zeit des aktiven Vergiftens durch flächendeckendes Impfen, Extremeinsatz von Pestiziden und Medikamenten plus Schnelllebigkeit wie Fastfood und Medienkonsum werden in solch einer Wegwerfgesellschaft Kinder geboren, die diese Hektik u.a. als Erblast mitbekommen haben. Deren Unruhe wird natürlich von den Eltern mitgetragen, die sich im Sog der Hektik wiederfinden und völlig überfordert sind und dann nach ärztlicher Hilfe schreien. Spätestens da setzt die Pharmaindustrie mit Wunderpillen ein. Ritalin und andere Tabletten, die auf dem medizinischen Markt vorherrschen, werden zu Psychostimulanzien (zur legalen Kinderdroge), um sie, die nervenden Kinder, ruhig zu halten. Die Häufigkeit der Einnahme solcher Psychopharmaka, denen ein Kind täglich ausgesetzt ist, lässt sich an einem kleinen Ausschnitt des Beipackzettels von Ritalin erkennen. Da heißt es u. a.:

„Wirkdauer etwa 3-5 h (meistens 3,5 h). Der Wirkbeginn ist ca. 30 Min. nach Einnahme. Aufgrund der kurzen Wirkzeit ist in der Regel eine mehrmals tägliche Einnahme erforderlich.“

Was man diesen Kindern damit antut, sollte jedem, der sich damit ernsthaft auseinandersetzt, klar sein. Wir züchten Millionen psychisch –labil gefährdete Menschen heran mit einer Affinität für Psychodrogen, die dann ein Teil unserer gesellschaftlichen Zukunft sein werden.

Erschreckend der Gedanke, was später aus deren Kindern werden kann. Die Scheinheiligkeit der Pharmaindustrie zeigt sich u. a. mit Werbeslogans wie z.B. **Bitte bleiben Sie gesund**; aber ist das etwa gewinnbringend? In einigen Bundesstaaten der USA werden Kinder, bei denen ADS/ADHS angeblich diagnostiziert wurde, nur in öffentlichen Schulen aufgenommen, wenn sie nachweislich Psychostimulanzien einnehmen. Mit anderen Worten, wenn sich Eltern weigern, ihren Kindern Drogen zu verabreichen, bekommen sie keinen Schulplatz für ihre Kinder. Weitere legale Drogen, die als Medikament verabreicht werden, sind Beruhigungsmittel aller Art für eine übersensibel zweiten Säule widmen, sollten nicht die unzähligen, zum Teil wirkungslosen oder auch schädlichen Salben, Tropfen oder Sprays vergessen werden, die fast täglich auf dem Markt neu erscheinen, die einen vielversprechender als die anderen. Deren Wirkung ist nicht nur in Frage zu stellen, sondern zum Teil äußerst gefährlich. Die sog. Asthmasprays wie z. B. Salbutamol können u. a. Herzrasen (Tachykardie) oder Zittern (Tremor) verursachen, viel schlimmer jedoch ist die schädliche Wirkung auf das Herz. Verschiedenste Asthmasprays mit unterschiedlichen Wirkstoffen werden konkurrierend auf den Markt geworfen, mit dementsprechenden Nebenwirkungen, z.B. *„wie das inhalierte Corticosteroid als nachteilige systemische Nebenwirkung Oste-*

oporose hervorrufen kann, was zur Auflösung des Kiefers führt.“ **15**

Wer mehr Interesse an diesem Thema hat, kann im Internet diesbezüglich diverse Portale öffnen, um weitere Informationen zu finden.

Die zweite Säule

Widmen wir uns nun der zweiten Säule – den Impfstoffen. Um Impfstoffe verkaufen zu können, macht es Sinn, die Menschen (potenzielle Kunden) dafür zu sensibilisieren. Die Angst vor Infektionen wird zum Geschäft. Sogar die harmlosesten Kinderkrankheiten werden zur Gefahr, immer mehr angebliche neue Risiken werden entdeckt und plakatiert, vor denen man sich durch eine Impfung schützen sollte. Die Angst wird zum Instrument und deren Geschäftsideologie lautet: Verbreite Angst und die Geschäfte laufen. Zecken werden zu Monstern und natürliche Erkältungen werden nicht nur zur Epidemie, sondern gleich zur Pandemie mit neuen furchterregenden Namen. Der Rinderwahn BSE, dann Sars (steht für schweres akutes Atemnotsyndrom), die Vogelgrippe mit dem Virus H5N1, die Schweinepest und derzeit die aktuelle Schweinegrippe, verursacht durch unzählige chemische Zusatzstoffe, die man dem Tier-Futter beimengt, die als Beruhigungsmittel oder für die Hygiene dienen sollen, führen letztendlich zu einem chemischen Chaos, das weltweit zu kollabieren droht. 16 Ob Impfen überhaupt vorbeugend wirkt, lässt große Zweifel aufkommen. Der Gedanke einer echten Prophylaxe durch Impfen führt zur schon fast hochmütigen Annahme,

15 Auszug aus dem Internet: Salbutamol kontra

16 Edward Jenner (1749 – 1823), Begründer des modernen Imfens

der Mensch könne die Natur überlisten, er stünde quasi über ihr. Dass dies völliger Schwachsinn ist, belegen unzählige unabhängige Untersuchungen (insbesondere die, die frei von der STIKO – Ständige Impfkommission sind), nichtsdestotrotz sind die traurigen Tatsachen die der zu vielen Impfopfer. Im Internet kursieren derzeit immer mehr Berichte, dass die Pharmaindustrie über die WHO (Weltgesundheitsorganisation) Interessen verfolgt, vorsätzlich die Menschheit zu schädigen, um sie mit Pestiziden, Lebensmittelgiften, Impfungen und Medikamenten zu dezimieren. So paranoid dies klingen mag, wer sich die Mühe macht und aufmerksam die aktuellen Veränderungen beobachtet und sich nicht von einlullenden Verschönungen blenden lässt, wird neue Resolutionen und Gesetzesänderungen durch schauen. Wer sich ein zweites Mal die Mühe macht und im Internet „Impfen – Pro und Contra“ eingibt, der wird staunen, welche Menge an Informationen sich dort auftut. Unzählige Organisationen von Impfgegnern sind dort zu finden. 17 Seriöse, ernst zu nehmende Mediziner sind genauso vertreten wie betroffene Eltern, deren Kinder zu Impfopfern wurden, Vereine wie Verbände, die eigens gegründet wurden, um der Pharmaindustrie die Stirn zu bieten. Der nächste Schachzug der Pharmalobby wird dann durch weitere Panikmache und politische Infiltrierung für einen allgemeinen Impfzwang sorgen. Die dementsprechenden Gespräche sind bereits am Laufen. Dies würde bedeuten, den 1983 in Deutschland aufgehobenen Impfzwang wieder neu einzuführen, was zu einer Beschneidung der persönlichen Freiheit und Rechte

17 Ein Buchtipp hierzu: Das Geschäft mit der Angst – Gerhard Buchwald, Emu Verlag

führen würde. Noch gibt es zu wenige Ärzte, die sich anderen Weiter- und Fortbildungen widmen als denen, die ihnen im Allgemeinen angeboten werden. Die Mehrheit an Weiterbildungen für Ärzte kommt aus der Pharmaindustrie, deren Zielsetzung der Inhalte ganz klar ist. Seit der Antike kennt die Medizin ethische Regeln, die das Denken und Handeln des Arztes bestimmen sollen. Eine der Maximen ist:

Primum non nocere – vor allem nicht schaden!

Ethische Prinzipien werden leider durch geschäftliche Überlegungen verdrängt. Schließen wir die zweite Säule ab und widmen uns der dritten Säule, den Pestiziden.

Die dritte Säule

Flächendeckend werden weltweit Pestizide (*von lat. pestis = Seuche, caedere = töten*) in der Landwirtschaft eingesetzt, zum Schutz vor Schädlingen aller Art. Da Monokulturen bedeutend ökonomischer auf den Weltmarkt zu sein scheinen, lassen sich dort biologische alternative Schädlingsbekämpfungen nur schwerer einsetzen. So werden Pestizide scheinbar zum Rettungsanker für die Landwirte, die insbesondere auf Monokulturen setzen (müssen). Aufgrund des Weltmarktpreises bleibt ihnen meist nichts anderes übrig. Denn der Biolandbau setzt ein gewisses Bewusstsein der Landwirte voraus, was nicht jedem Landwirt gegeben ist. Normalerweise werden die Richtlinien für die Menge von Pestiziden von der Weltgesundheitsorganisation (WHO) und dem Bundesinstitut für Risikobewertung (BfR) festgelegt. Interessant ist jedoch, dass in den Gremien der WHO Führungsspitzen aus der Pharmaindustrie vertreten sind. Eine Weltgesundheitsorganisation, deren Interessen eigentlich dem Wohl der Menschheit dienen sollten, ist infiltriert von der Pharmaindustrie. Die Pharmaindustrie, die in erster Linie rein wirtschaftliche Interessen verfolgt, verkauft dennoch oder gerade deswegen so viel Pestizide wie möglich. Jährlich werden in Deutschland 30.000 Tonnen Pestizide verspritzt. Das sind 1132 Großcontainer gefüllt mit Agrargiften. Diese schädigen ganze Ökosysteme und Beschleunigen das Artensterben. Man kann sie in den entlegensten Winkeln der Welt finden. Vom Kleingarten irgendeiner Großstadt bis zum Gletschereis der Arktis, vom Grundwasser bis zum Regenwasser – Pestizide finden sich heute nahezu überall. Obwohl es von Seiten der Pharmaindustrie heißt, der Einsatz bzw. die Menge der Pestizide werde durch neuere, verbesserte Chemie weniger werden, sieht die Realität anders aus. In den letzten drei Jahren hat sich der Verbrauch um 10 % erhöht. Das größte Problem mit der Chemie für den Bauern und Landwirt ist, dass sie nicht zwischen Schädlingen und Nützlingen unterscheiden kann. Sie wirkt auf viele Lebewesen gleich giftig. Ich möchte einige unterschiedliche Pestizid-Anwendungen, die kontinuierlich eingesetzt werden, verständlich machen. **Fungizide** z.B. werden im Kartoffelanbau, bei der Wein- und Hopfenerzeugung sowie im Obstanbau gegen Pilze eingesetzt. Nicht selten werden in einigen Intensivanbauregionen Kartoffelkulturen bis zu zehnmal pro Jahr mit Fungiziden besprüht. **Insektizide** setzt man in Obstanlagen, bei Wein und Hopfen, Zuckerrüben und im intensiven Gemüsebau und auch gegen den schädlichen Borkenkäfer ein. Gegen Wildkräuter werden **Herbizide** eingesetzt, diese werden nahezu flächendeckend im Getreide-, Zuckerrüben-, Raps-, Mais- und Kartoffelanbau gespritzt. Die meisten dieser Spritzmittel sind krebserregend, sie beeinträchtigen die Fortpflanzung und können nervengiftig oder auch hormonell wirksam sein. Der Biolandbau distanziert sich von künstlichen Pestiziden und setzt diese nicht ein. Davon profitieren die Natur und Umwelt. Die Lebensmittel sowie das Grund- bzw. Trinkwasser gewinnen an Qualität. Fast wie ein Horrorszenarium ist die Vorstellung, dass diese Gifte sich untereinander weltweit im Ökosystem zu einem neuen, eigenen Mix-Cocktail vermischen könnten, der dann wiederum eine neue, vielleicht unberechenbarere Katastrophe auf diesem Planeten verursachen würde. Kann die Gier der Mächtigen nach Profit so groß sein, um völlig verantwortungslos und kurzsichtig solche Risiken auf sich zu nehmen? Letztendlich schneiden sie sich doch selbst ihre Lebensader ab. Wir alle, ob arm oder reich, sind ein Teil (Organismus) dieses Planeten. Auch die Mächtigsten, die das Zepter in den Händen halten, gehören zur Weltgemeinschaft. Wo wollen sie denn hin? Sie benötigen Trinkwasser und sind genauso vom Regen abhängig wie wir, sie atmen die gleiche Luft und brauchen ebenfalls eine intakte Umwelt. Es ist schwer, hierfür eine vernünftige Antwort zu finden, und doch geschehen diese Dinge und stellen die uns bekannte Realität dar. Noch reicher können sie nicht wirklich werden. Es sei denn, es geht ihnen um den Anspruch der alleinigen Vorherrschaft auf diesem Planeten. Aber was geschieht dann? Geht es ihnen nur um die Macht?

Budget und Innovation

Nach alldem, worüber ich geschrieben habe, sollte einem klar werden, dass die Interessen des heutigen Zeitgeistes ganz klar definiert sind. Die Philosophie des Kapitalismus ist fest verankert und unveränderbar. Die Richtung ist vorgegeben, ohne Wenn und Aber. Innovationen sind für eine Gesellschaft nur dann interessant, wenn sie in den Rahmen von deren Ideologie passen und wenn sie zu 100 % ökonomisch sind.

Erinnern wir uns an die jährlichen Rüstungsausgaben weltweit von 1200 Milliarden Dollar und die ständig wachsende Armut auch in den wirtschaftlich reichen Industriestaaten dieser Erde. Innovationen für die Rüstungsindustrie werden prinzipiell gesponsert, egal, wie hoch diese Investitionen auch sein mögen, aber für Innovationen, die zur Steigerung der Bildung oder für eine bessere Pädagogik dienen, wird nicht wirklich investiert. Man druckst herum und behauptet, es seien derzeit keine Gelder vorhanden. Dies zu wissen sollte ausreichen, um zu verstehen, dass jede Innovation, die mit Pädagogik und Bildung zu tun hat, unabhängig sein muss von zusätzlichen Geldern. Hier muss einzig und allein die Idee entscheidend sein. Mit einem höheren Budget ist auf keinen Fall zu rechnen, im Gegenteil, so wie es gegenwärtig ausschaut, sind weitere Kürzungen für die Zukunft zu erwarten. Welche Ideen können völlig unabhängig vom Budget sein? Sie dürfen weder vom Materiellen noch vom Personellen abhängig sein, dies bedeutet, das innovative Konzept darf weder mehr Personal noch mehr Budget benötigen. Es muss ohne aufwendige Qualifikationen möglich sein und relativ schnell angewendet werden können. Außerdem sollte es erfolgversprechend sein, um Kinder zu mündigen Menschen zu erziehen. All dies ist möglich; wie in Kapitel III bereits erwähnt, existiert ein Konzept, das unkonventionell und durch einfache Weiterbildungen zu erlernen ist.

Im Eki-Kinkyo-Konzept werden elementare Dinge, die einen Menschen ausmachen, zum Mittelpunkt des pädagogischen Geschehens. Die Zielsetzung des Eki-Kinkyo-Konzeptes ist es, u. a. den Menschen ein Verständnis für Ganzheitlichkeit zu vermitteln. Natürliche Eigenschaften, die ein jeder Mensch in unterschiedlichster Stärke besitzt, werden spezifisch schon bei den kleinsten Kindern ab zwei Jahren gefördert. Eine spezielle Anwendungsmethodik stärkt die natürlichen Eigenschaften des Kindes und sorgt zugleich für ein Verständnis für Selbstdisziplin. Regeln werden unbedingt den Heranwachsenden verständlich gemacht. Ziel ist es u.a., dem Kind die Möglichkeit zu geben, alles, was es übt, zu verstehen. Anders wie die oft vertretene Vorgehensweise, dass ein Kind Übungen praktizieren soll, deren Inhalt meist zu wenig oder gar nicht erklärt wird. Dies führt zur Marionettenentwicklung, die derzeit ein Spiegelbild unserer Gesellschaft geworden ist. Jede Übung sollte unbedingt verständlich gemacht werden, nur so entwickeln sich vollwertige, mündige Menschen. Gehen wir von einer Null-Budget-Erhöhung aus, wäre es sinnvoll, nach effektiven Innovationen zu greifen. In der Biologie und deren Gesetzmäßigkeiten läuft das nicht anders, nur Effizientes ist gefragt. Betrachten wir analog dazu solch einen Zustand von der biologisch-evolutionären Seite, würde man glatt behaupten, dies sei ein völlig logischer, normaler Entwicklungsprozess. Sich permanent weiterzuentwickeln und sich zu spezialisieren ist Inhalt des Lebens. Als Pädagogen bleibt einem nichts anderes übrig, als nach Innovationen zu suchen bzw. danach zu greifen, wenn sich welche anbieten. Resignation können wir uns nicht leisten, denn es geht um unsere Kinder, das heißt unsere Zukunft.

Nun kann man auch dem Schlechtesten eine zweite Seite abgewinnen und auf diese möchte ich etwas genauer eingehen, vielleicht um eine ergänzende Sichtweise entstehen zu lassen. Diesbezüglich möchte ich etwas ausholen. Am Anfang des Buches wurde über die Vorteile der Vielfalt des Lebens geschrieben, über die unzähligen Variationen mit deren Ideenreichtum und deren Möglichkeiten. Im Leben gibt es nichts, was es nicht gibt. So wie eine Lichtquelle in alle Richtungen ausstrahlt, so strahlt der Ideenreichtum ebenso in alle Richtungen. Die vielen unterschiedlichsten Pflanzen-, Tier- und Insektenarten sowie die unterschiedlichsten Mikroorganismen zeigen uns, dass letztendlich alles an Variationen möglich ist. Jede Art von Überlebensstrategie ist ein Zeichen der Kreativität des Geistes unserer Schöpfung. Nun steht alles in Korrelation, was bedeutet, dass die gleiche Mannigfaltigkeit auch in der Technologie, aber auch in der Wirtschaft und Politik existiert. So wie die Strahlen einer Lichtquelle breiten sich die Ideen unseres Geistes auch in der Technologie, Wirtschaft und Politik aus. Wir kennen Situationen aus der Technik, in denen es heißt: Für jedes Ding gibt es ein Gegending. Gemeint ist damit, dass es keinen Stillstand geben kann, alles ist in Bewegung und in ständiger Weiterentwicklung, egal, in welchem Bereich. Aus diesem Grunde sollte uns ständiges Wachstum nicht verwundern, natürlich auch nicht im Kapitalismus. Wir neigen dazu, die naheliegenden Dinge zu verstehen und kurzsichtig zu sein, wenn es um Situationen geht, die nicht unmittelbar uns berühren.

Biologie und Wirtschaft

Auf der biologischen Ebene spricht man von der Evolution und der Selektion. Auf der wirtschaftlichen Ebene ist die Rede von den Kapitalentwicklungen und der Insolvenz. Auf beiden Ebenen finden sich die gleichen Muster und Reflexionsmechanismen wieder, sie unterliegen den gleichen Gesetzen. Schlussfolgert man daraus, kann man davon ausgehen, dass alle Gesetze zu 100 % in allem wiederzufinden sind. Jedes Verhalten, von wem und was auch immer, unterliegt den gleichen Reflexionsmechanismen. Zwei Beispiele sollen zum Verständnis dessen beitragen. Betrachten wir die physikalisch-biologische Eigenschaft des Sich-Öffnens und -Schließens. Öffnen beinhaltet prinzipiell den Gewinn des Aufnehmens, Wahrnehmens, Hereinlassens und Zulassens. Da alles zwei Seiten hat, beinhaltet das Offene auch Gefahren wie die der Angreifbar und Verletzbarkeit. Das Hereinlassen heißt auch, auszusieben, was für einen nützlich ist oder evtl. auch schädlich sein kann. Das Schließen, das Nicht-Hereinlassen, beinhaltet prinzipiell den Schutz, aber nicht das Aufnehmen, Wahrnehmen und dementsprechend auch nicht das Zulassen einer Veränderung, also auch nichts Gutes. Jede Blüte schließt sich, um sich vor der Kälte zu schützen, und öffnet sich, um die wohltuenden Sonnenstrahlen zu empfangen. Wir Menschen verschränken die Arme, wenn uns kalt ist. Wir ziehen die Schultern hoch, wenn wir am liebsten den Kopf einziehen würden. Wir breiten auch unsere Arme aus, um jemanden zu empfangen, ihn aufzunehmen. Das Gegenteil davon wäre, jemanden mit verschränkten Armen aus weiter Distanz zu begrüßen. Schützen bedeutet immer sich schließen. Öffnen bedeutet immer ein Aufnehmen und ein Hereinlassen. Eine Entwicklung des Lebens ist aber nur möglich, wenn es sich öffnet, auch mit dem Risiko, angreifbar zu werden. Vergleichen wir diese biologische Eigenschaft mit der Wirtschaft und dem Kapitalismus, werden wir unweigerlich erkennen müssen, dass er den gleichen Gesetzen unterliegt. Er strebt das ultimative Wachstum an. Dafür muss er sich öffnen, um den Markt zu erobern, offen sein für den Gewinn und das Aufnehmen neuer Ressourcen, die wichtig sind, um weiter zu existieren. Ein Offensein für den Gewinn des Aufnehmens, und das ohne Wenn und Aber.

Betrachten wir nun als Zweites die Eigenschaft des Bewegens und seines Gegenteils, des Verharrens. Die Bewegungen eines Lebewesens benötigen immer einen energetischen Anschub, z. B. eine existentielle Zielsetzung wie die der Nahrungssuche. Sollen diese Bewegungen andauern, benötigen sie eine Dynamik, ein Ziel wie das der Partnersuche, das zur Eigendynamik werden muss, wenn es auf biologischer Ebene längere Zeit bestehen soll. Analog dazu stellen wir uns ein wirtschaftliches Unternehmen vor. Ein Unternehmen bewegt sich mit dem Produkt seiner Idee, was den Anschub darstellt. Mit dem richtigen Marketing (der Dynamik) besteht die Möglichkeit, das Produkt zum festen Be-standteil des Marktes werden zu lassen. Dafür benötigt das Unternehmen konkurrenzfähige Strategien (Eigendynamik). Einen Stillstand oder eine längere Pause lässt die Konkurrenz nicht zu, man würde als Unternehmen untergehen (als Art selektiert werden). Allein das Wachstum als solches ist Bewegung. Davon auszugehen, der Kapitalismus, der global vernetzt als wirtschaftliches System existiert, könne fair und sozial sein, ist illusorisch.

Der Kapitalismus strebt unentwegt das Wachstum an, er kann nicht anders. Seine Beute sind prinzipiell die Schwächeren, dies ist das Gesetz der Natur. Daher sind alle politischen Aussagen nur Phrasen, nicht mehr und nicht weniger. Es ist auch verständlich aus der Sicht eines Politikers, der finanzielle Vorteile von der Wirtschaft genießt, sich so zu verhalten. Letztendlich geht es jedem nur darum, seine eigenen Schäfchen ins Trockene zu bringen. Wie im Kleinen, so im Großen. Betrachtet man jeden einzelnen Menschen mit seinem egoistischen Verhalten, fällt es einem nicht schwer, das Verhalten der Mächtigen 18 nachzuvollziehen. Zu hoffen, es gäbe vielleicht Irgendwann eine gerechte Welt, ist blauäugig und naiv. Der gesunde Menschenverstand und das Verständnis der Natur und deren Gesetzmäßigkeiten lassen ganz klar erkennen, dass eine große Veränderung unmöglich ist. Was sich nur verändern kann, ist unsere eigene Verhaltensweise durch die Veränderung unseres Bewusstseins. Jede Veränderung kann nur bei einem selbst beginnen. Verändern wir unsere eigene Sichtweise, reflektieren wir dies nach außen. Über Ungerechtigkeit und Kriege zu schimpfen bedeutet, lediglich Reflexionen des Schimpfens zu forcieren. Dies soll aber nicht bedeuten, alles durch eine rosa Brille zu betrachten, nein, das Gegenteil ist gefragt. Kritisch und überlegt sollten wir unsere Gegenwart sowie unsere Zukunft gestalten. Besonderen Wert sollten wir darauf legen, unseren Kindern die bestmöglichen Chancen einzuräumen, sie zu

18 Die Mächtigen sind die, die das Zepter in den Hän-den halten und die globale Ordnung lenken.

mündigen Erwachsenen zu erziehen und nicht zu Marionetten werden zu lassen. Gesetze des Lebens stehen in Korrelation zu allen anderen bestehenden Bereichen, ob biologisch, soziologisch oder wirtschaftlich-pädagogisch, die Entwicklungen und Verhaltensweisen eines Menschen sind alle gleich. Gemeint ist u.a., dass jede Aktion sich proportional gleich verhält, dass alles sich widerspiegelt im Verhältnis zum Sein und dessen Reflektieren.

Die kulturelle Selektion

Eine Kultur definieren wir nach ihrer gemeinschaftlich geistigen und künstlerischen Gesamtheit. Eine Wertschätzung in dem Sinne existiert nicht, vielmehr bewerten wir die Kultur nach ihren Leistungen. Ob sie dabei die Interessen der breiten Masse verfolgt, spielte niemals eine wirkliche Rolle. Seit Anbeginn der Menschheit entwickelten sich die unterschiedlichsten Kulturen. Ausnahmslos spielten die Religionen als Instrument immer eine wichtige, wenn nicht sogar die entscheidende Rolle. Um dem gerecht zu werden, macht es Sinn, diese genauer zu definieren. Religion stellt eine Geisteshaltung dar, die durch den Glauben an eine überirdische Existenz bestimmt ist. Nun liegt es in der Natur des Menschen (vielleicht auch anderer Wesen), alles verstehen zu wollen; und da beginnt der Spagat zwischen dem Wissen und dem Glauben. Jede Art der Skepsis dem Wissen gegenüber führt unweigerlich zum Glauben. Wissen ist immer eine eigene körperliche Erfahrung, die über das seelische Empfinden wahrgenommen und über den Geist verstanden wird. Wissen kann immer nur das Ergebnis eigener Erfahrung sein, es kann weder übernommen noch weitergegeben werden. Alles, was ich von anderen übernehme, kann ich lediglich glauben, jedoch niemals wissen. Diese Erkenntnis lässt uns verstehen, dass das Nichtwissen automatisch zum Glauben führt. Wir Menschen tendieren immer dazu, eine der beiden Seiten anzunehmen. Wir erlangen Wissen durch unsere individuellen Erfahrungen in unterschiedlichsten Bereichen. Nicht wissen bedeutet glauben. Ob Atheismus oder Theismus, das Glauben ist allgegenwärtig. Die Frage stellt sich nur, an was man glaubt. Im nächsten Kapitel werde ich durch einige Beispiele näher darauf eingehen. Nun zurück zu den unterschiedlichsten Kulturen, die alle durch ihren Glauben beeinflusst wurden. Das Gemeinschaftlich- Geistige einer Kultur beinhaltet also den Glauben an sich. Das Künstlerische aber wird aus dem Glauben geprägt, man denke da an die großen epochalen Bauwerke wie z. B. die der Christen (Petersdom u.a.), der Inka, Maya und der Azteken u.v.a. Ob es in den genannten Kulturen sozial und gerecht zuging, ist nicht relevant. Entscheidend für die Geschichtsschreiber sind deren kulturelle Errungenschaften. Es geht also nie um Anliegen des Einzelnen innerhalb einer Kultur und deren Gesellschaft. Es geht immer nur um das Ganze. Vergleicht man eine Kultur analog dazu mit einer Lebensform einer Spezies, findet man die gleichen in Korrelation stehenden Zusammenhänge. Stießen in der Vergangenheit unterschiedliche Kulturen aufeinander wie z.B. die damaligen Seemächte der Portugiesen und Spanier auf die mittelamerikanischen Indianer, kamen zwei völlig andere Arten von Menschen mit ihren Ideologien zusammen. Die Kulturen hatten so unterschiedliche Interessen, dass die eine die andere einfach ausbeuten konnte und letztendlich zum größten Teil vernichtete. Auch in diesem Zusammenhang kann man von einer Selektion reden, eben nur auf kultureller Ebene.

Die Geschichte der Menschheit zeigte nie etwas anderes. Sie ist voll mit ausgestorbenen Kulturen, die alle auf ihren Höhepunkten davon überzeugt waren, dass sie auf dem richtigen Weg seien. Geblendet vom jeweiligen Ist-Zustand glaubten sie die Unendlichkeit gepachtet zu haben, so wie der einzelne Mensch seinen eigenen Ist-Zustand erst in einer deutlichen Veränderung wahrnimmt. Nicht anders geht es einer ganzen

Kultur. Erst Kriege und Katastrophen lassen das kollektive Denken einer Kultur bis zum Einzelnen vordringen und verändern. Der Mensch neigt dazu, sich schnell zu einer eingepflanzten, konditionierten Verhaltensweise zu begeben. Dadurch verliert er zum Teil die Fähigkeit bewusst zu handeln. Das in der Kindheit von den Eltern Eingeprägte konditioniert einen Menschen so sehr, dass sein späteres Grundverhalten vergleichbar wäre mit einem Videoband, das je nach Situation abgespielt wird. Ein Automatismus, der zwar vieles vereinfacht, aber dennoch dafür sorgt, dass wir meistens aus diesem Bandablaufmechanismus heraus handeln. Unüberlegtes und überzogenes Reagieren wie z.B. jemanden laut anzuschreien oder ein verzerrtes Gesicht zu ziehen ist das Ergebnis des Automatismus. Bewusstes Handeln kennen wir dann nur noch in seltenen Situationen. Haben wir z.B. ein wichtiges Date oder ein für uns entscheidendes Vorstellungsgespräch, dann lässt uns dies für Momente bewusster handeln. Wir leben also verhaftet mit dem Eingepflanzten in Mechanismen, die das bewusste Handeln verdrängen. Die meisten Menschen sind sich dessen natürlich nicht bewusst und handeln fast ausschließlich nach dem Bandablaufmechanismus. Unbewusstes Suchen wird dann zum Konsumierungszwang. Nicht anders ist es mit einer Gesellschaft wie der unseren, mit ihrer Kultur, die durch den Kapitalismus, das Christentum und die sogenannte Demokratie geprägt ist. Sie ist es, die momentan das Weltgeschehen dramatisch beeinflusst, Ressourcen-Kriege führt und im Namen der Demokratie modernsten Kolonialismus betreibt. Die, die am meisten Energievorräte in Form von natürlichen Bodenschätzen besitzen, sind zum größten Teil Länder mit islamischem Glauben und mit einer anderen Ideologie und Geschichte. Die Interessen unserer Kultur, an deren Ressourcen zu kommen, und die andere Philosophie islamischer Staaten stehen in Konkurrenz und führen weltweit zu ständigen Reibungen. Auch hier lassen sich ganz deutlich die Bandablaufmechanismen erkennen. Vergleichen wir vergangene Epochen mit deren Interessen, finden wir letzt endlich nichts anderes als heute. Nichts ist anders geworden. Verändert haben sich lediglich die technischen Möglichkeiten. Die Gier nach Expansion und Macht ist unverändert. Betrachten wir dazu analog eine einzelne Person und vergleichen deren individuelle Machtansprüche, finden die gleichen Muster und Gesetze, eben nur im Kleinen. Abgelenkt vom Äußeren neigen wir dazu, Zusammenhänge zu übersehen.

Gender Mainstreaming: Auflösung der Geschlechter und der Individualität

Symbiosen und andere Lebensgemeinschaften dienen in erster Linie dazu, dass die einzelnen Wesen davon profitieren, gemeinsam mehr zu erreichen bzw. vorteilhafter zu leben. Unterschiedliche Stärken des Einzelnen erhöhen die Gesamtqualität.

Das heißt aber auf keinen Fall die Aufgabe der eigenen Identität. Gemeinsam schafft man mehr, dies ist jedem bekannt. Erst die unterschiedlichen Fähigkeiten machen ein Team stark. Eine Familie, bestehend aus Mutter, Vater und Kind oder Kindern, stellt eine Gemeinschaft dar. Eine natürliche Symbiose, die sinnvoll und biologisch verankert ist. Klare Mechanismen sind aufgeteilt nach dem Prinzip des Yin und Yang, der Einheit des dualen Weltbilds. Übertragen wir dies analog dazu auf den menschlichen Körper, kann man jedes Organ mit einem Spezialisten vergleichen. Jedes hat seine Aufgaben zu erfüllen, um dem Gesamtorganismus Mensch als Einheit zu dienen. Eine Auflösung der Grenzen, eine Gleichberechtigung als solche würde in diesem Fall keinen Sinn ergeben. So nach dem Motto, meine Augen sollten auch mal riechen können und umgekehrt. Auf der biologischen Ebene gibt es nichts, was es nicht gibt, es ist alles möglich, solange es sich dual verhält. Wer letztendlich welche Aufgaben erfüllt und welche Rechte hat, spielt keine wirkliche Rolle. Lediglich dass eine klare Aufteilung existiert, ist entscheidend. Was auf keinen Fall heißen soll, die Frau gehört unbedingt hinter den Herd und der Mann in die Kneipe.

Gesellschaftlich betrachtet, ist dies abhängig von der jeweiligen Entwicklung des einzelnen Individuums. Welches Ziel kann nun ein Konzept wie das des Gender-Mainstreams mit der Absicht, alle Geschlechter vermischen bzw. gleichstellen zu wollen, verfolgen? Homo-, Bi- und Transsexualität gehören ohne Zweifel zu jeder Gesellschaft, und das ohne Vorurteil. Aus meiner Sicht, die von der Vorstellung der Reinkarnation geprägt ist, sind solche Neigungen völlig legitim. Sie sind lediglich Übergangsstufen von einem Geschlecht zum anderen. Dies bedeutet, der Mensch wechselt im Laufe seiner Inkarnationen auch sein Geschlecht, um beide Pole erfahren zu können, was für den Betroffenen durch den anderen, neuen Körper zu Identitätsproblemen führen kann. Aber was soll dieser gesellschaftliche Geschlechtermix? Klare Linien schaffen klare Strukturen. Die Leber dient der Analyse und die Lunge dem Stoffwechsel. Erinnern wir uns an entartete Zellen, also Zellen, die nicht mehr den Gesamtplan verfolgen; wir wissen, dass diese im Extremfall zum Untergang des Gesamtindividuums beitragen können. Zwangsläufig stellt sich die Frage, welches Ziel verfolgt das Gender-Mainstream-Konzept? Ich erlaube mir, zum besseren Verständnis einen Auszug aus der Internetseite des Bundesinnenministeriums für Familien, Senioren, Frauen und Jugend zu zitieren. Da heißt es:

„Gender Mainstream ist eine Strategie, um durchgängig sicherzustellen, dass Gleichstellung als Staatsaufgabe (Art. 3 Abs. 2 GG) insbesondere von allen Akteurinnen und Akteuren der öffentlichen Verwaltung verwirklicht wird. **Gender** *– das bedeutet, nicht stereotyp „die Frauen" oder auch „die Männer" in den Blick zu nehmen, sondern Menschen in ihrer Unterschiedlichkeit und Vielfalt zu berücksichtigen. Niemand ist nur männlich oder nur weiblich, aber wir leben in einer Welt, die*

maßgeblich durch die Zuweisung von Geschlechterrollen geprägt ist. Daher ist es wichtig, Geschlechtsdifferenzen wahrzunehmen, sie aber nicht – wie es auch das Bundesverfassungsgericht sagt – als tradierte Rollenzuweisung zu verfestigen. Mit Gender sind also immer auch Vorstellungen von Geschlecht gemeint, die sich ändern lassen."

Dieser kleine Auszug aus dem Gender-Mainstream-Konzept zeigt, wenn diese Zeilen genau gelesen werden, welches Ziel verfolgt wird. Geschlechtsspezifische Projekte werden aus dem Programm der pädagogischen Arbeit gestrichen. Das Gegenteil ist angesagt, Kinder sollen schon in Kitas die Geschlechtslosigkeit erfahren. Kostenaufwendige Broschüren mit interessantem Inhalt werden flächendeckend in sämtlichen Kitas, Schulen und Jugendeinrichtungen verteilt. Das Thema ist gleichgeschlechtliche Liebe. Das hört sich prinzipiell erst mal sehr vernünftig und tolerant an. Doch befasst man sich mit solch einer Broschüre mit Namen wie „Liebe verdient Respekt", entdeckt man inhaltlich, dass es darin nicht nur um Aufklärung und Verständnis für Homosexualität geht, sondern darum, dass sich Kinder und Jugendliche durch Rollenspiele in die Gleichgeschlechtliche Liebe hineinversetzen sollen. Ich sehe darin die Absicht, geplant eine Orientierungslosigkeit in den Köpfen der Heranwachsenden zu implantieren. Anders kann ich es nicht verstehen. Denn jede sexuelle Richtung sollte sich beim Kinde ohne jeglichen Einfluss selbst entwickeln dürfen. Noch mehr ist geplant. Homo-, Bi- und Transsexuelle sollen in Kitas und Schulen verstärkt personell eingesetzt werden. Mädchen werden in der Zukunft gezielt an Spielsachen und Kleidung von Jungen herangeführt und die Jungen sollen verweiblicht werden; sie an Puppen heranzuführen wird nur ein Teil der pädagogischen Arbeit sein. Gezielte Rollenspiele werden zum regelmäßigen Programm. Das Gender-Mainstreaming ist ein europäisches Projekt mit ungewöhnlichem Ausmaß. (Für die Bedürftigkeit der Armen innerhalb Europas existiert kein nur annähernd so großes Programm.) Aber die Diskriminierung sowie die Emanzipation, die letztendlich ein Bildungsdefizit darstellen, sollen gewichtiger als die soziale Gerechtigkeit sein. Da heißt es u. a. im letzten Satz des Auszuges:

„Mit Gender sind also immer auch Vorstellungen von Geschlecht gemeint, die sich ändern lassen."

Äh … was soll das bedeuten? Mit Emanzipation hat das wenig zu tun. Ist die Rede von Gleichstellung oder von Geschlechterwandel? Selbstverständlich muss, besonders in den bildungsarmen Schichten, eine vernünftige Aufklärung über unterschiedliche sexuelle Neigungen praktiziert werden. Aber die Auflösung der Gegensätzlichkeit sollte Anlass geben, dem Gender-Mainstream-Konzept kritisch Gegenüberzustehen. Denn es macht keinen wirklichen Sinn, es sei denn, es bestehen andere Beweggründe, andere Interessen. Wie ich schon anfangs erwähnt habe, ist die Homo- und Bisexualität völlig legitim. Dennoch darf sie nicht zum Instrument werden. Und genau das geschieht mit dem Gender-Mainstream. Die Auflösung der Individualität des Einzelnen könnte das Ziel sein. Orientierungslosigkeit auf allen Ebenen entsteht in den Köpfen der Menschen, welche dann nicht mehr wissen, woran sie glauben sollen, welchem Geschlecht und wessen Wurzeln sie angehören. In den Mainstream-Medien werden Religionen deformiert und in den Talkshows zerrissen. Gleichberechtigung, Emanzipation, Demokratie, Freiheit, Wirtschaftswachstum und Globalisierung sind Begriffe heutiger Möchtegern-Intellektueller, die scheinbar die wirklichen Hintergründe verkennen. Ihr ahnungsloses Zustimmen zu alledem führt zu einer Eigendynamik, einer Entwicklung, die letztendlich nur für die Mächtigen von Vorteil ist. Die Macht hat es verstanden, mit geringstem Aufwand äußerst erfolgreich zu sein, wenn sie sich der Zustimmung und sogar der Mitarbeit des einzelnen Individuums erfreut. Was so viel heißt, der Einzelne braucht nicht mehr gelenkt zu werden, er lenkt sich unter der Vorgabe der Macht selbst. Alle zusammen unter dem intellektuellen Schirm der Postmoderne, Nationen, Globalisten, Unternehmen und Gewerkschaften, angeführt von Feministen und Intellektuellen, lassen einen Neoliberalismus entstehen. Alles unter dem Deckmantel des Fortschrittes. Die Macht versteht es, die Masse wie eine Herde Schafe zu lenken und sie noch in dem Glauben zu lassen, sie seien frei und mündig. Je orientierungsloser die Menschen werden, desto leichter sind sie manipulierbar. Sehen wir die Liebe und den Glauben als ein Fundament, dann sollte dieses als unantastbar gesehen werden.

Kapitel V
Die Hoffnung
Der Glaube an das Gute

Schauen wir uns die derzeitige Welt an, wird es einem schwerfallen, das Gute in ihr zu finden. Im vorherigen Kapitel wurde genügend Schlechtes und Unheilvolles erwähnt, so dass es nicht nötig ist, dem noch Weiteres hinzuzufügen. Klar ist, dass die Spezies Mensch sich momentan in einem Abwärtsstrudel bewegt. Permanenter Raubbau sowie eine krank gewordene Gier nach Macht lassen den Glauben an eine glückliche und gesunde Menschheit in der Zukunft immer mehr schrumpfen. In der menschlichen Geschichte und deren Entwicklung hat sich leider nichts an ihrer Mentalität geändert. Die Gier nach Macht und der permanente Raubbau war schon immer eine Eigenschaft des Menschen. Der einzige Unterschied ist die heutige Perfektion seiner Technik. Dies macht unsere heutige Zeit so unsicher, weil wir Menschen jetzt in der Lage sind, den Gesamtorganismus Erde zu zerstören. Macht es nun Sinn, gerade in einer solchen Zeit den Kopf in den Sand zu stecken und zu kapitulieren? Jeder weiß, dass die Hoffnung zuletzt stirbt. Auf die Frage hin, was er tun würde, wenn er wüsste, dass die Welt demnächst untergehen würde, antwortete einmal Martin Luther mit dem Satz, er würde ein Kind zeugen, einen Baum pflanzen und anfangen ein Buch zu schreiben. Ich glaube, etwas Treffenderes kann man, wenn es um die Hoffnung geht, nicht aussagen als mit dieser Metapher.

Vielleicht sollten wir in diesem Zusammenhang den Glauben genauer definieren. Zur Veranschaulichung dessen stellen wir uns eine imaginäre Welt vor. Der Mensch dort wäre nicht in der Lage zu hoffen und er hätte absolut keinen Glauben. Sein Handeln wäre nur auf rationaler bzw. funktionaler Ebene möglich. Alles würde ganz gewissenhaft nur auf genauen Berechnungen basieren. Jede geplante Aktion würde in dieser Welt bedeuten, dass diese gut berechnet ist, um in die Tat umgesetzt werden zu können. Jeder Zweifel würde in der Planung berücksichtigt werden. Sollte sie sich doch als fehlerhaft entwickeln, wäre sie zweifelsohne als eine unqualifizierte Planung abzutun. Dies klingt im ersten Moment gar nicht so schlecht. Man könnte behaupten, endlich die optimale Welt gefunden zu haben. Wie sieht es aber in den Notsituationen aus, z. B. bei einem Unfall, einer Katastrophe oder einer Verschüttung durch z.B. ein Erdbeben? Die Menschen dieser imaginären Welt würden in diesem Beispiel auf ihre Berechnungen hin zum Ergebnis kommen, dass jede Art ihres Handelns zum Scheitern zu verurteilen ist. Jeder Versuch der Hilfe wäre laut ihrer Berechnungen ohne Erfolgschancen. Man würde in solch einer Situation keine weiteren Anstalten mehr machen, um sich oder andere zu retten. Man würde in diesem Fall nicht mehr handeln, warum denn auch. Ein Glaube und die Hoffnung, dass sich doch etwas Unerwartetes ereignen könnte, etwas nicht Berechenbares, existiert in dieser imaginären Welt nicht. Man ginge von einer 100%-Berechnung aus und etwas anderes gäbe es eben nicht. Eine arme Welt wäre dies, wobei ich nicht glauben kann, dass es überhaupt eine geistige Entwicklung ohne so etwas wie Glauben und Hoffnung geben kann. Aber unsere Realität sieht Gott sei Dank anders aus. Gerade das Unvorhersehbare führt in der Regel zum

Erfolg bzw. zur Weiterentwicklung einer vorgenommenen, geplanten Sache. Letztendlich profitieren wir von den Misserfolgen unserer Planungen. Denn gerade an ihnen erleben wir praktisch, was wir hätten anders machen können. Wir sollten uns unbedingt noch ein paar Beispiele diesbezüglich anschauen. Jeder hat schon mal von außergewöhnlichen Fällen gehört, in denen Menschen aus medizinischer Sicht keine Überlebenschance mehr hatten. Die Medizin gab ihnen nur noch wenig Zeit, weil ihre Erkrankungen oder ihre durch einen Unfall verursachten Verletzungen zu stark waren. Unzählige Fälle existieren, wo Menschen, die medizinisch aufgegeben wurden, es aus eigener Kraft ihres Glaubens geschafft haben, wieder zu genesen, was die Menschen dann allgemein mit dem Begriff Wunder abtun. Wenn aus dem Glauben heraus fast unmögliche Ergebnisse erzielt werden können, ist es auch legitim, diese als Wunder zu betiteln, warum auch nicht? Wobei sich dadurch automatisch die Frage aufdrängt, was der Glaube alles bewirken kann. Ob diese Menschen nun an Gott oder einfach nur an sich selbst glaubten, dürfte nicht von großer Bedeutung sein, entscheidend ist lediglich der Glaube selbst. Einen Fall der Genesung, der besonders erwähnenswert ist, möchte ich hier vorstellen, den Fall des Valentin Dikul. Der 1948 geborene russische Schwerathlet stürzte 1966 von einem Trapez 13 Meter in die Tiefe. Dabei erlitt er u. a. zehn Frakturen, davon zwei im Lendenbereich, mehrere an seinen Beinen sowie an beiden Schlüsselbeinen und er erlitt außerdem einen Schädelbasisbruch. Seine inneren Organe waren gerissen und auf-grund seines zerstörten Rückenmarks prognostizierten die Ärzte ihm, dass er, wenn er überhaupt überlebte, mit 100%iger Sicherheit querschnittsgelähmt sein würde. V. Dikul wollte sich mit diesem

Schicksal nicht abfinden; er, der mit großer Leidenschaft Bodybuilding, Ringen und Akrobatik praktizierte, schaffte es mit einer unvorstellbaren Willenskraft in nur fünf Jahren zur vollen Genesung. Dikul wollte alles nur Erdenkbare über die Funktion der Wirbelsäule verstehen lernen und studierte wie besessen die ihm zugekommenen Fachlektüren aus dem Krankenbett heraus. 19 Inzwischen ist Valentin Dikul Professor für angewandte Biologie, zweifacher Doktor der Medizin und es existieren heute unter seiner Leitung zwei Spezial-Rehabilitations-Zentren für Paraplegie (Querschnittslähmung) in Russland. Der Fall Valentin Dikul ist kein Einzelfall, aber er sollte wegen seiner Größe und Tragweite zum Beispiel werden, was der Glaube bewirken kann. Jedem Skeptiker möchte ich hier im Vorfeld den Wind aus den Segeln nehmen mit folgenden Argumenten: Solch einen Fall wie den des V. Dikul als einen Einzelfall abzutun, wäre Kurzsichtigkeit pur. Unzählige Fälle (vielleicht nicht so spektakulär wie dieser) existieren weltweit; diese werden jedoch von der pharmamedizinischen Lobby natürlich nicht plakatiert. Das Gegenteil ist der Fall, die Medizin lebt davon, dass die Menschen glauben, ausschließlich von Ärzten geheilt werden zu können. Dass der Mensch die Fähigkeit zur Selbstheilung besitzt, und das seit Anbeginn seiner Existenz, wird von den Medizinern, dies Wissen, nicht publik gemacht, es liegt nicht in ihrem Interesse. Zudem möchte ich auf den Glauben

19 Anschließend nach seiner Genesung leistete Dikul wahre Wunder, er stemmte nicht nur ein ausgewachsenes Pferd, sondern rannte mit ihm mehrmals um die Arena. Er hielt an beiden Armen am Seil jeweils 25 Personen, die um die Wette zogen. Ein anderer Rekord war, dass er eine Tonne Gewicht auf seinen Schultern hielt, außerdem jonglierte er mit 40 Kilo schweren Kugeln.

allgemein mit drei Fragen eingehen. Glauben die Patienten nun an die Wirkung der Medikamente oder heilen die Medikamente wegen ihrer Wirkstoffe? Was ist mit dem Placebo-Effekt, der stärkste Schmerzen verschwinden lässt? Wirkt der Wirkstoff oder wirkt der Glaube? Unzählige (von der Pharmaindustrie unabhängige) Experimente belegen, dass letztendlich nur der Glaube entscheidend ist für eine körperliche Veränderung, die zur Genesung führt. Das folgende Beispiel soll zum besseren Verständnis beitragen. In einem Experiment wurde einer Versuchsperson unter Hypnose suggeriert, dass ihr auf den Handrücken eine heiße Geldmünze gelegt wird, wobei man ihr eine normale, nicht heiße Münze drauflegte. Nicht nur, dass die unter Hypnose stehende Versuchsperson ihre Hand schlagartig wegriss, was vielleicht jeder tun würde, auch wenn er nicht hypnotisiert ist, interessant ist vielmehr die Tatsache, dass die Versuchsperson eine echte Brandblase an dieser Stelle, wo das Geldstück drauf lag, bekam. Der feste Glaube, dass die Testperson sich verbrannte, sorgte für das Kondensieren des Gewebewassers unter der Haut und ließ so eine Brandblase entstehen. Obwohl keine physikalische Einwirkung von Hitze stattfand, spielten der Körper bzw. das Gewebe mit. In diesem Zusammenhang sollte man an Bruce Lipton und seine Experimente denken, der u. a. vom Korrespondieren zwischen dem Geist und der Zelle spricht. Entscheidend ist immer der Glaube, der direkten Einfluss auf unsere Zellen bzw. auf unseren Körper ausübt. Es bleibt lediglich die Frage offen, woran wir glauben. Unsere alltägliche Wahrnehmung ist geprägt von zu vielen negativen Suggestionen, die uns schwächen, ängstlich werden lassen und krank machen. Im letzten Kapitel habe ich darüber ausführlich berichtet, wie sehr die Angst den

Glauben beeinflusst. Der Versuch, den Glauben zu definieren, sollte sich lohnen. Was kann man nun unter dem Begriff Glauben verstehen bzw. wie kann man ihn interpretieren? Hier eine Möglichkeit der Betrachtung: Glauben heißt nicht wissen. Der Glauben soll damit keinesfalls abgewertet werden, denn der Glauben ist die wichtigste Voraussetzung, um Wissen erlangen zu können. Glauben heißt grundsätzlich für möglich halten; ohne ein Für-Möglich-Halten ist die Erfahrung niemals erreichbar. Glauben und Wissen ergänzen sich gegenseitig und gehören zusammen. Sie haben beide ihre Berechtigung, nur man sollte sie nicht miteinander verwechseln. So stellt der Glaube in der Dualität das Gegenstück zum Wissen dar. Demnach führt ein Nichtwissen automatisch zum Glauben und umgekehrt. Welche Inhalte besitzt der Glauben? Mit Sicherheit beinhaltet er Hoffnung, aber auch Erwartungen. Der gläubige Mensch erhofft sich schon, dass er für sein braves Leben belohnt wird. Gleichzeitig stellt der Glaube auch so etwas wie ein Rettungsanker dar. In den schlechtesten Situationen hilft ein starker Glaube, diese zu überstehen. Glauben kann auch niemals schaden, es sei denn, man hat aus dem Glauben heraus falsche oder zu hohe Erwartungen gesetzt. Aus den vergangenen Kapiteln wissen wir, dass letztendlich die Erwartungen immer im Verhältnis zu den Enttäuschungen stehen.

Erst der wahre, ehrliche Glaube ist frei von irgendwelchen Erwartungen; der, der ehrlich glaubt, wird für seinen Glauben Opferbereitschaft und Hingabe zeigen. Dies ist jedoch nur mit einem dementsprechenden Bewusstsein möglich, das eine geistige Entwicklung voraussetzt.

Geist und Evolution

Betrachten wir die Evolution ganzheitlich, werden wir feststellen, dass sie alles nur Vorstellbare hervorbrachte. Im Leben gibt es nichts, was es nicht gibt. Jeder Organismus existiert, weil er es in irgendeiner Form geschafft hat, sich mit den nötigen Techniken auszurüsten, um irgendeine Nische zu behaupten. Wie kommt es nun zu dieser Vielfalt unterschiedlichster Daseinsformen?

Wer oder was lässt diese Mannigfaltigkeit entstehen? Um das Gesamtbild zu verstehen, macht es Sinn, etwas weiter auszuholen. Man könnte mit folgender Frage beginnen. Was ist Materie und woraus besteht sie? Die Antwort würde lauten: Materie ist letztendlich komprimierte Energie. Dies ist mehr oder weniger jedem durch die Kernspaltung bekannt. Daraufhin könnte man die nächste Frage stellen, was ist Energie? „Energie (aus dem Griechischen), die Energetik: die naturwissenschaftliche Lehre, nach der die Energie das Wesen, die Grundkraft aller Dinge ist. In der Physik geht es um die Umwandlung und den Nutzen der Energie.“ **20** Aus dieser Definition kann man folgern, dass die Energie als eine Art Wesen angesehen werden kann, dessen Grundkraft die aller Dinge ist. Was kann man nun unter diesem Wesen verstehen? Religiös betrachtet ist das Wesen offensichtlich als Gott zu definieren. Etwas Überirdisches, das für das Wirken aller Dinge verantwortlich ist. Dass das Sein erst ermöglichte und das im Kleinen wie im Großen identisch ist. Zwischen dem Mikro- und Makrokosmos

20 Definition aus Wikipedia (Energetik)

in dem Sinne existiert kein Unterschied, lediglich in seiner Wahrnehmung. Ein Gedankenmodell soll zur besseren Veranschaulichung beitragen: Dafür sollte es uns gelingen, dass wir uns vorstellen können, dass diese Grundkraft, das Wesen oder auch diese Energie sich ursprünglich einmal in einem Zustand des Nur-Seins befand. Damit sei gemeint, dass diese Urkraft lediglich vorhanden war, vergleichbar mit einer x-beliebigen Farbe, jedoch ohne Form und Größe. Es gab weder einen Raum noch die Zeit, keine Materie und auch keine Idee, letztendlich nur diese Farbe, bewegungslos, starr und ohne Ziel. Dieser Zustand ist mit alles und nichts zu vergleichen. Eine Daseinsform ohne jede Erkenntnis und Veränderung. Die selbst vorgestellte Farbe spielt keine wirkliche Rolle, weil im Grunde sich nichts ändert, es bleibt unverändert, unverändert, unverändert … usw. Nichts passiert. Dieser desolate Zustand ist ohne Inhalt und Wert. Aus religiöser Sicht betrachtet könnten wir diese Urkraft als Gott bezeichnen. Aus dieser Betrachtungsweise heraus müssen wir feststellen, dass Gott in solch einem Zustand nichts bewirkt bzw. selbst erfährt (was physikalisch keinen Unterschied macht). Dieser Zustand musste sich ändern. Vielleicht aus gähnender Langeweile heraus entstand aus der Nur-Einheit die Idee der Vielfalt. Wie dem auch sei, Gott (ich bleibe bei diesem Begriff für diese Urkraft) ließ die Vielfalt entstehen, indem er sich in unzählige Teilchen zusammenzog. Von diesem Moment an war er nicht mehr eins, er wurde zur Vielfalt, seine reine Energie verwandelte sich zu unzähligen Spielbällen. Die komprimierten Energiebälle schafften mit einem Mal so etwas wie einen Raum, ein Zwischen seiner Selbst. Der Abstand von einem Teilchen zum anderen Teilchen schaffte für ihn eine Leere, die er immer wieder neu zu überbrücken versucht, indem er sich wieder zusammenfügen will. Dieses Bedürfnis des Sich-wiedervereinen-Wollens ließ eine göttliche Kraft der Anziehung entstehen. Das Sich-wieder-vereinen-Wollen wurde zum Hauptantrieb Gottes, des Universums. Zum einen war es ihm gelungen, aus diesem Nullzustand des Seins eine Veränderung zu schaffen, und zum anderen entstand das Bedürfnis, sich wieder vereinen zu wollen. Die Anziehungskraft ist geboren. Ständige Wiederholungen führten zu immer neuen Erfahrungen und Veränderungen, wie z.B. der Zentrifugale: Sie lässt einen Tanz der Verzögerungen entstehen. Dieser Tanz lässt eine unmittelbare sofortige Vereinigung nicht zu, erst wird getanzt, bis am Ende die Anziehung siegt, und die Verschmelzung wird vollbracht. Die Länge eines solchen Tanzens hängt von der jeweiligen Betrachtungsweise ab. Man denke da an die Balztänze der Vögel, um das Weibchen zu beeindrucken und zu erobern. Das gleiche Verhalten finden wir auch bei uns Menschen, deren Imponiergehabe nichts anderes darstellt. Dieses Verhalten zieht seine Fäden vom Mikro- bis zum Makrokosmos. Gottes Bewusstsein wuchs und wächst immer weiter. Die Kraft der Anziehung lässt die Teilchen in unzähligen Variationen erscheinen. [21] Für kurze Momente entstehen unterschiedlichste Verbindungen, Elemente werden geboren. So wie Kinder Bauklötze zur geistigen Entwicklung benötigen, wächst der Geist Gottes durch seine eigenen geschaffenen Spielbälle. Er ließ den Raum, die Zeit, den Mikro- und Makrokosmos entstehen. Jedoch das Bedürfnis des Sich-wieder-Vereinen-Wollens (wie das Bedürfnis der Zweisamkeit) steht immer im Vordergrund. Die Kraft der Anziehung, die Gravitation hält alles zusammen und lässt

21 Der Moment ist eine subjektive Wahrnehmung, aus der Sicht des Menschen gesehen ist ein kosmischer Moment eine Ewigkeit

Gott erfahren. Gottes Bewusstsein wächst mit jeder neuen Vereinigung. Quasi eine kosmische Bewusstseinsentwicklung entstand. Aus der kurzen Wahrnehmung eines Menschen ist der Urknall, der so weit zeitferne Anfang des Universums, unvorstellbar, was für Gott selbst mit Sicherheit nichts weiter als ein sich ständig wiederholender Abschnitt seines Daseins ist. Anhand dieses Vergleichs erkennen wir die Abhängigkeit von der jeweiligen Sicht. Was kann man nun unter einer geistigen Evolution verstehen? Wir können das Universum aus religiöser Sicht heraus betrachten oder ganz und gar astrophysikalisch, es kommt letztendlich auf das Gleiche heraus. Gott oder das Universum entwickelt sich unentwegt, indem es sich teilt und wieder zusammenfügt. Seine Erfahrungen sind adäquat die unseren. Er macht durch uns genauso die gleichen Erfahrungen wie wir durch ihn. Wie im Kleinen, so im Großen. Analog betrachtet, welche Erfahrungen sammeln wir immer wieder durch neue Partner, mit denen wir uns zusammentun, vereinen wollen, weil wir glauben, den Richtigen gefunden zu haben, und irgendwann feststellen, entweder ist der Partner der falsche oder wir sind noch nicht genug gereift für diesen. Ich bin davon überzeugt, dass jedes Wirken, das letztendlich auf Geistigem basiert, ein Gesamtwirken voraussetzt. Jede klassische Komposition, man denke an Werke von Bach, Mozart u.a., setzt eine kosmische Komposition voraus. Jede abstrakte Bewegung setzt die kosmische voraus wie z.B. beim Ballett, der Kampfkunst oder anderen. Nicht anders sieht es aus mit Ideen und anderen Dingen, die alle aus demselben Energiepool des Seins stammen. Gott und wir sind eins; so wie er sich in unzählige Teilchen teilt, so sind wir Menschen und Tiere in unserer Anzahl alle zusammen ein Teil von ihm. Ist unser einzelner Geist, ein kleiner Teil vom Ganzen, in der Lage, dies zu verstehen? Ja, die Evolution beginnt im Kleinen und sie wird sich automatisch im Großen widerspiegeln. Eine geistige Evolution kann es in dem Sinne nicht geben, sondern nur eine Entwicklung der Fähigkeit, Geistiges zu empfangen und umzusetzen, um es zu verstehen. Niemals entdecken wir Neues, wir finden letztendlich nur Vorhandenes wieder, Dinge, die schon existieren. Der Geist selbst ist allgegenwärtig und überall enthalten, quasi ein Baustein des Vorhandenen. Jede körperliche Aktion setzt die des Geistigen voraus. Der Geist und der Körper sind eins.

Die Beweglichkeit

Was kann man unter der Beweglichkeit verstehen? Meist wird dies auf der körperlichen und/oder geistigen Ebene definiert. Was so viel heißt, ein Mensch wird dann als beweglich eingestuft, wenn er sich körperlich und/oder geistig bewegen kann. Ein gebildeter Akrobat müsste demnach ein beweglicher Mensch sein?! Wir sollten den Begriff „Beweglichkeit“ aus verschiedenen Blickwinkeln heraus betrachten. Zum einen ist natürlich eine körperliche wie geistige Beweglichkeit anhand ihrer Qualitäten zu messen und zu definieren, zum anderen aber sollte diese nicht als die alleinige gesehen werden (obwohl das unserem Zeitgeist entspricht). Die Beweglichkeit als solche hat zwei qualitative Seiten. Die eine ist die praktische, sichtbare, oberflächliche Seite. Jemand, der sich geistig und/oder körperlich bewegt, wird als beweglich angesehen. Die zweite Seite ist nicht sofort zu erkennen, denn sie zeigt eine andere Variante der Beweglichkeit. Nicht die körperlichen oder geistigen Bewegungen sind gefragt, sondern die Fähigkeit des Hinterfragens sowie die der Offenheit, kein festgefahrenes Weltbild haben zu müssen. Hier ist die Beweglichkeit im Sinne des Offenseins für anders Denkende gefragt. Bin ich bereit, trotz evtl. umfangreicher Ausbildung und Studiums mich auf andere Denkweisen einzulassen, auch wenn diese völlig anders sind als meine und nicht sofort in mein Weltbild passen? Der einfache Bauer kann, wenn er im Einklang mit seinem eigenen Dasein ist, beweglicher sein als z.B. ein sportlicher Arzt. Beweglichkeit bedeutet offen sein für Neues, aber insbesondere auch für Dinge, die nicht unbedingt in unser geprägtes Weltbild passen. Wieder wähle ich die Talkshow als Gegenstand zum Verständnis. In den Talkshows reihen sich sogenannte Experten aneinander, um irgendwelche politischen, wirtschaftlichen oder anderen Problemlösungen zu finden. In diesen Expertenrunden mit allen nur denkbaren Titeln wie Diplom, Doktor oder Professor scheinen echte Spezialisten zu sein. Nur verfolgt man genau deren Diskussionen und achtet mehr auf das Warum in den Themen und nicht auf das Wie, stellt man fest, dass sich keiner von denen nur einen Millimeter von seinem Standpunkt bewegt. Es wird herumdiskutiert und gefachsimpelt, man wirft mit Zahlen und Daten herum und keiner hört wirklich zu, was der andere erzählt. Es wird nur gewartet, bis man selbst zu Wort kommt. Nur wenige Ausnahmen sind zu finden, die man als offen für Diskussionen ansehen könnte; diese sind bereit, auch eigene Standpunkte zu hinterfragen und das öffentlich in Talkshows zuzugeben. Dies jedoch wird dann sofort als Schwäche abgetan und ins Lächerliche gezogen, was dazu führt, dass immer mehr Menschen sich nicht öffentlich trauen, ihre Meinung darzulegen. Es entsteht eine Stagnation des freien Denkens. Diese Unbeweglichkeit finden wir in allen Lebensbereichen, ob in der Politik, Wirtschaft oder auch in der Pädagogik, sie zeigt sich als festgefahren und steif. Ein Zeitgeist, der durch Angst vor Krankheitskeimen und Terror zum Stillstand des freien Geistes führte. Nur einer Minderheit ist es gegeben, sich durch eine reifere Bewusstseinsentwicklung freien Geistes bewegen zu können. So führt die Beweglichkeit quasi als Vorstufe zu einem freien Willen. Die Menschenmasse dagegen bleibt so lange in ihrem Bandablaufmechanismus, bis sie durch Reflexionsmechanismen dazu gezwungen wird, sich ihrer selbst bewusst zu werden. Beweglichkeit bedeutet demnach offen zu sein für Informationen, von denen anfangs schwer vorzustellen ist, dass sie ins eigene Weltbild passen können. Mit anderen Worten, wer bereit ist auf Dinge einzugehen, auch wenn sie noch so absurd für einen zu sein scheinen, der beweist im gewissen Sinne geistige Freiheit. Der größte Teil aller Menschen ist so konditioniert und geprägt, dass er eine Weltformel verfolgt, die einem Bandablaufmechanismus gleicht. Gepaart mit einer Engstirnigkeit glauben die meisten Menschen die Weisheit gepachtet zu haben. Besonders finden wir diese Engstirnigkeit in den Medizinerkreisen, weil die Position der Mediziner besonders hoch angesetzt ist. Man soll glauben, dass die Medizin das Ultimative sei. Dabei werden die Ärzte allesamt in ihrem Studium von der Pharmaindustrie geprägt. Jedes Medizinstudium wird von der Pharmaindustrie überwacht. Wessen Weltbild die Mediziner demnach verfolgen, sollte spätestens jetzt jedem klar werden. Aber natürlich auch der einfache kleine Mensch, der gesellschaftlich so geprägt ist, ist mit Scheuklappen behaftet und hat größte Probleme, wenn es um Dinge geht, die nicht in sein Weltgesamtbild passen. Spätestens hier sollte es einem bewusst werden, dass wirkliche Beweglichkeit nichts mit Bildung, Stand und Herkunft zu tun hat. Entscheidend ist die Entwicklung des jeweiligen Bewusstseins. In dem Moment, wo wir anfangen, Dinge zu hinterfragen, bereit sind, uns wenigstens Gedanken darüber zu machen, und versuchen, Vergleiche anzustellen zwischen dem vorgegebenen Weltbild und den neuen Eindrücken, beginnt unsere eigene Beweglichkeit zu wachsen. Die Beweglichkeit ist die Vorstufe des freien Willens. Im Yoga wird jede körperliche Übung (Asanas) im Zusammenhang mit der geistigen Beweglichkeit gesehen, jede Handlung steht demnach in Korrelation zum Ganzen. Das heißt, dass erst die geistige Bereitschaft die körperlichen Übungen zulässt.

Bin ich frei im Handeln?

Besitze ich einen freien Willen? Seit Anbeginn der Menschheit wurde darüber philosophiert, ob der Mensch einen freien Willen besitzt oder nicht. Inwieweit sind wir frei in unserer Handlungsfähigkeit, können wir wirklich selbst entscheiden oder setzt uns ein gewisser Rahmen des Daseins Grenzen, in denen wir nur handeln können?! Setzen wir diese Grenzen unbewusst selbst oder sind wir gefangen in einer vorgeprägten Verhaltensnorm? Inwieweit besteht die Möglichkeit, diese zu beeinflussen? Ist unser Bewusstsein fähig, Einfluss zu nehmen auf die vorgegebenen Muster unserer Individualität

Aristoteles war davon überzeugt, dass der Mensch einen freien Willen besitzt. Die Gegner dieser Vorstellung (Deterministen) glauben, dass Eine resultiert aus dem Anderen, was einen freien Willen nicht zulässt. Dies würde bedeuten, unser gesamtes Willens-Repertoire könnte man als determiniert betrachten und es wäre aus und vorbei mit der Freiheit.

Kant z.B. unterschied beim freien Willen zwischen dem *guten Willen* und dem *pathologischen Willen.*

Schopenhauer dagegen schrieb einmal:
Der Mensch kann zwar tun, was er will. Er kann aber nicht wollen, was er will.

Anhand so vieler verschiedener Vorstellungen zeigt sich die Komplexität des Themas. Ein weiteres Argument zu diesem Thema ist u. a.:

Innovation innerhalb der Menschheitsgeschichte war nur möglich, weil zumindest Einzelne in der Lage waren, über die bestimmten Grenzen des bestehenden Systems hinaus zu denken und das zu entdecken, was für andere „undenkbar" ist. Dieses aus der Norm „Verrückte" könnte ein Ausdruck des freien Geistes sein. 22

Erinnern wir uns an das Beispiel, dem Charakter eine Farbe zuzuordnen. Dieses sagte: Würde man jedem Charakter eine Farbe zuordnen, könnte sich ein Mensch, bedingt durch seinen Charakter, nur innerhalb seiner Farbe bewegen bzw. verändern. Aus einem Grün kann kein Rot werden, lediglich seine Farbe kann sich zu einem leuchtenden, matten, dunkleren oder frischen Grün verändern. Dieses Beispiel lässt uns verstehen, dass die Prägung unser Leben entscheidend beeinflusst, aber einen kleinen Grad der individuellen Freiheit für jeden offenhält. Inwieweit eine Individualität diese Freiheit zu nutzen versteht, sollte vom jeweiligen Bewusstseinsstand abhängen. Gefangen in einem Istzustand sind wir gezwungen, eine Sichtweise zu vertreten. Hierzu ein Beispiel: Die Betrachtung eines Baumes kann so unterschiedlich ausfallen. Betrachtet ein Tischler einen Baum, wird er ihn aus seiner Sicht sehen und die geeigneten Äste plus den Stamm mit den Augen eines Schreiners vermessen. Ein Förster wird den gleichen Baum auf Gesundheit und Schädlinge begutachten. Der Holzhändler wird ökonomisch herangehen und den Baum mit Blicken berechnen, der Holzschnitzer wird nach geeigneten Astformen suchen und der Poet lässt sich von dem Gesamtbild des Baumes inspirieren, um ein Gedicht zu schreiben. Jeder betrachtet aus seiner individuellen

22 Auszug aus Wikipedia: freier Wille, unbekannter Autor

Sicht heraus den Baum. Verhaftet in seiner Rolle, wird es einen schwerfallen, eine andere Sicht einzunehmen.

Aber genau da beginnt die Veränderung des eigenen Bewusstseins. Sollten wir uns unserer Farbe bewusst werden, heißt dies nicht, sich innerhalb der eigenen Farbe nach Belieben verändern zu können. Befindet man sich z.B. in einem graugrünen, dunklen Farbzustand, lässt erst ein Bewusstseinsdruck es zu, sich für einen selbst zum positiven, leuchtenden frischen Grün zu verändern. Dafür brauchen wir aber unbedingt einen Ruck von außen. Meist führen schwere Schicksalsmomente zu radikalen Veränderungen, die einen völlig aus dem normalen Verhaltensmuster herausreißen. Die einzige Chance eines freien Willens sehe ich in der Weiterentwicklung des eigenen Bewusstseins. Was bedeuten würde, je mehr ein Mensch sich seiner selbst bewusst wird, desto mehr freien Willen und dementsprechende Handlungsfreiheit erlangt er, quasi eine Belohnung für seine Weiterentwicklung. Wie in einem Computerspiel, man kommt einen Level weiter. Einen Level weiter bedeutet mehr Spielraum und Kompetenz zu besitzen. Situationen, die uns in der Vergangenheit belasteten, werden entspannter wahrgenommen. Bestimmte Dinge Verlieren ihre Bedeutung, unsere Affinität hat sich verändert und unser Verhaltensmuster läuft nicht mehr nur nach dem Bandablaufmechanismus ab. In Kapitel II habe ich die Ganzheitlichkeit auch aus der Sicht der Reinkarnation dargestellt. Diese sagt aus, dass man einen freien Willen nicht aus der Sicht nur eines Lebens definieren kann. Jedes Leben stellt eine Stufe der Entwicklung dar. Wie die Stufen einer Treppe streben wir an, nach oben zu kommen. Wachstum bedeutet prinzipiell ein Sich-Ausbreiten in den Raum, auch nach oben, wie ein Baum, der durch sein Wachstum zum Licht strebt. So bewegen wir uns innerhalb unserer Farbe und streben nach Frische, Licht und Erleuchtung. Am Ende spielt die Farbe der Persönlichkeit keine Rolle mehr, denn weißes Licht beinhaltet alle Farben. Ob freier Wille oder Determinismus, beides löst sich am Ende in Wohlgefallen auf. Alles wird zu einem Eins.

Kann ich etwas verändern?

Automatisch drängt sich bei dieser Frage der Gedanke des freien Willens auf, der zum Thema des vorherigen Unterkapitels wurde. Daraus resultierend könnte man behaupten, dass eine Veränderung nur dann möglich ist, wenn ein freier Wille vorhanden ist. Ist es dem so? Was kann man unter einer Veränderung verstehen? Was und wen können wir verändern? Was wollen wir verändern? Wo beginnt die Veränderung? Sie beginnt bei unserer eigenen Betrachtung des Ganzen. Wie bereits erwähnt, sind wir verhaftet in unserer eigenen Bewusstseinsebene. Unsere Umwelt ist lediglich eine Reflexion unseres Inneren. Beginnen wir, unsere Sichtweise in Frage zu stellen und zu hinterfragen, fangen wir automatisch an, etwas zu verändern. Es besteht nur die Möglichkeit, das Außen zu verändern, wenn wir eine neue subjektive Betrachtungsweise annehmen. Natürlich ist dies nur möglich, wenn ein Bewusstsein durch Reflexionsmechanismen soweit entwickelt ist, dies tun zu können. Sonst wären wir nicht in der Lage, uns darüber Gedanken zu machen, was natürlich eine gewisse Reife des Bewusstseins voraussetzt. Eine Veränderung beginnt nur und ausschließlich bei einem selbst. Die Voraussetzung dafür ist, das Verständnis zu besitzen, dass wir das Innere – unser Selbst als Spiegelbild im Außen wahrnehmen. Das bedeutet, wir sehen die Welt so, wie wir uns selbst empfinden. Wie empfinde ich mich selbst? Mit dieser Frage beginnt bereits die Veränderung. Die zweite Frage könnte lauten: Warum empfinde ich mich so, wie ich mich empfinde? Und die dritte Frage könnte lauten: Möchte ich mich so empfinden? Mit diesen drei Fragen beginnt eine klare Veränderung des eigenen Selbst und des eigenen Außen. Weiter: Wenn ich mich nicht so empfinden möchte, welche Möglichkeiten habe ich, etwas zu verändern? Kann ich mich aus dem Bandablaufmechanismus befreien? Eine Veränderung würde bedeuten, sich aus der Gewohnheit (Normalität) seiner Verhaltensnorm herauszubewegen. Dies setzt natürlich voraus, dass ich bereit bin, dafür Energie zu investieren. Nun müssen wir im Allgemeinen genug Kraft aufbringen, um die wesentlichen Dinge zu bewerkstelligen. Auf-grund dessen fällt es einem besonders schwer, für neue Dinge offen zu sein bzw. sogar noch zusätzlich Energie dafür aufzubringen.

Anhand dieser Tragweite lässt sich erkennen, inwieweit die Bewusstseinsentwicklung entscheidend ist. Demnach hängt eine Veränderung des Seins letztendlich von der Entwicklung des eigenen Bewusstseins ab. Ist es weit genug entwickelt, sind wir auch in der Lage, uns mit diesen drei Fragen auseinanderzusetzen. Wir sind dann fähig, sie zu verstehen und als eine Art Option zu betrachten. Ist unsere Intention darauf fixiert, etwas verändern zu wollen, wird es uns auch gelingen. Die Voraussetzung ist, unbedingt dabei zu bleiben. Wir sollten auf keinen Fall den Mut verlieren, anderen Menschen zu dem zu verhelfen, ihre Sichtweise immer wieder neu in Frage zu stellen, und sie vor der Kurzsichtigkeit zu warnen.

Ehemalige Freunde und Bekannte, die in den Siebzigern lautstark die Ungerechtigkeit anprangerten und bekämpfen wollten, wurden über die Jahrzehnte selbst zu dem, was sie verurteilten, entweder zu Spießern oder zu einem Täter.

Unter einem Täter verstehe ich jemanden, der rücksichtslos auf Kosten des anderen Profit scheffelt und auch nicht davor zurückschreckt, Arme und Schwächere auszubeuten. Nach deren heutigen Aussagen bin ich und andere Andersdenkende einfach stehengeblieben, haben wir uns nicht weiterentwickelt und wollen nicht erwachsen werden. Die Zeiten hätten sich geändert und man könne nicht ewig über die gleichen Probleme reden. Wie sieht dic Realität aber wirklich aus? Es hat sich diesbezüglich wirklich nichts geändert, im Gegenteil, die Ungerechtigkeit besteht nach wie vor, nur professioneller, die Verschleierungs-techniken haben sich deutlich verbessert und die Methodik, wie man die Bevölkerung ausbeutet, ist ausgefeilter. Aufgrund dessen ist und bleibt es als Wichtigstes anzusehen, dem Nächsten dies vermitteln zu wollen. 23 Angefangen beim Kleinsten, dem Kind, dem Jugendlichen, aber auch jedem Erwachsenen, den wir kennen und mit dem wir zu tun haben. Um ein Gegengewicht zu erzeugen, sollte es zur Pflicht werden, nicht zu schweigen. Um das Interesse für diese Themen zu wecken, macht es natürlich keinen Sinn, nun jeden Gesprächspartner vollzutexten, ohne das Fingerspitzengefühl für den Moment zu besitzen. Denn es gibt Menschen, die absolut keine Affinität für solche Themen besitzen, diese aber nun bekehren zu wollen ist verschenkte Zeit. Nichtsdestotrotz sollten wir auf keinen Fall,

23 Bei kleinen Kindern ist das Wichtigste, ihnen eine Ganzheitlichkeit vermitteln zu wollen, damit sie ein Gefühl für Recht und Unrecht entwickeln, dies macht sie später zu mündigen Menschen, denen man dann nicht alles vorgaukeln kann. Die Politik ist für Kinder in diesem Alter noch zu abstrakt, es macht keinen Sinn, sie damit zu belästigen.

wenn es um solche Themen geht, nur des Friedens wegen schweigen. Wann auch immer in unserer Anwesenheit politische oder philosophische Diskussionen stattfinden, sollten wir die Wichtigkeit dieser Thematik hervorheben und bedeutend machen.

Jedes Gespräch, auch wenn es noch so kurz ist, lässt in uns neue Gedanken entstehen, die wiederum unser Handeln beeinflussen. Dieser wenn auch noch so kleine Einfluss ist bedeutender, als man glaubt.

Unbequeme Fragen

Wir Menschen tendieren zum Bequemen, Anstrengungen werden im Allgemeinen vermieden, der einfache Weg wird verfolgt. Man geht den Weg des geringsten Widerstandes. Dies macht die Einfachheit eines Menschen aus. Da das Leben aber durch die Gesetze der Reflexionsmechanismen geregelt wird, führt die Einfachheit zu ständigen Reibungen und Leid. Dieser Zustand wird in der Regel von der Masse der Menschheit nicht verstanden und die Gründe für das eigene Leid und Versagen werden prinzipiell im Außen gesucht. Es werden alle möglichen Dinge dafür zur Verantwortung gezogen, nur nicht die eigene Bequemlichkeit.

Im Yoga definiert man den Menschen bezogen auf seine Bequemlichkeit und sein Können so: Der Mensch bewegt sich in einer geistig-körperlichen Krüppel-Daseinsexistenz. Gemeint ist damit, er ist noch nicht in der Lage, nur annähernd die Möglichkeiten seiner Fähigkeiten zu nutzen. Weder die geistigen noch die körperlichen, die als eine Einheit zu betrachten sind. Sein vorhandenes Potenzial wird nur zum geringen Teil eingesetzt. Wie ein Baby, das nicht in der Lage ist, sein komplettes Potenzial zu nutzen. Erst die Reife eines Individuums lässt erkennen, ob es bereit ist, den unbequemen Weg zu gehen. Dieser unbequeme Weg bedeutet anzuecken, zusätzliche Energie aufzubringen und Menschen zu verlieren, die man als Freunde bezeichnete. Eines der Geheimnisse des Unbequemen ist, dass die investierte Energie mehrfach als gewonnene Energie zurückkommt. Erst geben, dann nehmen. Damit ist gemeint, der Schrei eines Babys (als

Investition) sorgt für eine fürsorgliche Reaktion der Eltern. Biologisch betrachtet, muss das Baby viel Energie für seinen Schrei investieren, um dafür die energetische Nahrung und Zuneigung, die es braucht, zu bekommen. Nach diesem Muster ist die natürliche Gesetzmäßigkeit gestrickt. Erst investieren und dann nehmen in Form von Gewinn. Jede Religion versucht dies zu verkünden durch Opfergaben und andere Zeremonien.

Die alltägliche Praxis sieht jedoch völlig anders aus, ist geprägt vom Kapitalismus, dessen Slogans u. a. lauten: „Letztendlich zähl nur ich" oder „Geiz ist geil" und „shoppen ist cool". Wie ein Geschwür breitet sich die Philosophie des Kapitalismus in den Köpfen der Menschen aus und sorgt dafür, dass das Wesentliche in Vergessenheit gerät. Unbequem ist es, dem zu widersprechen, da doch ein jeder abhängig ist vom Computer, Fernseher, Handy und anderen Konsumgütern. Hinzu kommen die alltäglichen Nachrichten, die uns eine Welt vorgaukeln, die die Bequemlichkeit fördert. Unbequem ist, dem allen gegenüber skeptisch zu sein und dies auch zu publizieren bzw. zu plakatieren, Gespräche dafür zu nutzen, um unserem Gegenüber zu widersprechen und gegebenenfalls Einspruch einzureichen.

Dieser kämpferische Weg des Nicht-alles- Mitmachens war einmal jener Hoffnungsschimmer in den sechziger und siebziger Jahren. Zu schnell wurde er von einer Maschinerie des Konsums verraten und verkauft. Die damaligen Aktivisten wurden entweder mundtot gemacht oder sie bekamen lukrative Positionen in Parteien und Gewerkschaften. So wurden sie früher oder später zu ihresgleichen. Sie wurden bequem, verloren ihren Kampfgeist und vergaßen ihre eigentlichen Beweggründe. Sie wurden Mitglied einer Marionettengesellschaft und der Hoffnungsschimmer für einen evtl. freien Zeitgeist löste sich in Rauch auf. Dieser desolate Zustand der Bequemlichkeit spiegelt sich in allen Schichten und Altersgruppen aller Gesellschaften wider. Weitergegeben an die Kleinsten und Jüngsten, ist dieses Verhalten bis in die Kitas zu beobachten. Eltern lassen aus Bequemlichkeit bzw. der Einfachheit halber stundenlang ihre Kinder fernsehen. Unausgeschlafen werden die Kinder dann in die Kitas gebracht, wobei es ihnen zu oft an Ventilen fehlt, aufgrund dessen sind sie nicht ausgepowert und unruhig. Oft neben sich stehend, bekommen die Kinder die einfachsten Lernübungen nicht mit. Aber stopp, hier landen wir wieder bei den Kapiteln, die sich ausführlich mit diesen Themen auseinandersetzten. Die Bequemlichkeit (nur das Nötigste tun) ist etwas für die Kurzsichtigen, denn auf Dauer bringt sie nichts.

Das Wissen über die Macht des Glaubens

Erinnern wir uns an die vergangenen Kapitel, in denen ich immer wieder vom Glauben und dessen Möglichkeiten geschrieben habe. Dass wir ein Geschöpf, aber auch der Schöpfer zugleich sind. Inwieweit sich dies als positiv oder negativ für einen selbst auswirkt, hängt vom jeweiligen Bewusstseinsgrad des Einzelnen ab. So wie Gott – das Universum – aus seiner Energie die Materie schuf, so werden unsere Gedanken ebenfalls zur Materie. Jeder Gedanke will real werden, was so viel bedeutet wie, unsere Realität ist ein von uns geschaffenes Konstrukt. Je nach unserer Vorstellung schaffen wir uns unsere eigene Welt. Meist geblendet vom Äußeren, das gezielt auf uns einwirkt, sind wir uns dessen nicht bewusst, dass wir unser eigener Regisseur sind. Aufgrund dessen leben die meisten Menschen in einer Art Pseudorealität.

Der Kapitalismus (als Machtstrategie) besitzt raffinierte Techniken, um gezielt dafür zu sorgen, dass die Menschen eingelullt werden. Sind wir uns aber der Macht des Glaubens bewusst, können wir die Welt im wahrsten Sinne des Wortes verändern. Natürlich nur in Verbindung eines unerschütterlichen Glaubens, der allen Situationen trotzen kann. Dass der Glaube Berge versetzen kann, ist im Volksmund bekannt, aber nicht wirklich verstanden. Tatsächlich kann der Glaube Berge versetzen und noch viel mehr. Er ist in der Lage, alles, was wir uns ernsthaft vorstellen, in die Realität zu transformieren. Die Voraussetzung ist die Intensivität und Dauer des Glaubens. Zu schnell geben wir einen guten Traum auf, nur weil der Moment den Eindruck erweckt, er könnte sich nicht erfüllen. Der Glaube kann zur Macht werden, wenn er verstanden wird. Dies wird zu Lasten der Menschen seit langer Zeit von denen, die das Zepter der Macht in den Händen halten, schamlos ausgenutzt. Das Wissen über die Macht des Glaubens gehört zu den ältesten Geheimnissen der Menschheit.

Die größten Gelehrten und Staatsführer der Vergangenheit wussten um die Macht des Glaubens. Leider wurde diese Macht fast ausschließlich genutzt, um die Menschen zu beherrschen und auszubeuten. Zu selten kamen Propheten daher, um dies dem Volke verständlich zu machen. Was auch nicht einfach war, denn das Volk war durch inszenierte Kriege gebeutelt und gemartert. Ihre Probleme waren so von existentieller Art, dass sie kaum ihren Kopf frei bekamen, um sich neuen Gedanken widmen zu können. Vom Prinzip hat sich bis heute nichts daran geändert. Allerdings, was damals nur über Mundpropaganda möglich war, sieht heute ganz anders aus. Heute lässt sich eine Information über das Internetportal global in kürzester Zeit verbreiten, was zur Folge hat, dass das Wissen nicht mehr für nur wenige bestimmt sein kann. Wer heute eine Information verbreiten will, kann dies sehr schnell und flächendeckend tun, was zu einer größeren Vernetzung aller Gedanken führt. So ist es heute wesentlich mehr Menschen bekannt, dass der Glaube eine Macht sein kann. Eine sichtbare Veränderung der Denkstruktur der Menschheit ist in den letzten Jahren deutlich zu erkennen. Unterschiedlichste Denker der Neuzeit erkennen diesen Prozess und vernetzen sich immer mehr und gerade in diesem Zusammenhang halte ich es für wichtig, dem Zellbiologen Bruce Lipton besondere Aufmerksamkeit zu schenken. Seine experimentellen

Untersuchungen belegen, dass unsere Gedanken und Emotionen direkten Einfluss auf die einzelne Zelle ausüben. Noch mehr, sie dringen in das Zellinnere ein und verändern das eigentliche Zellprogramm. Die alten Funktionen verlieren so ihre Bedeutung und die Zelle verfolgt ein anderes Programm. Unsere Gedanken formen und verformen uns. Erinnern wir uns an die Eigenschaften des Glaubens und denken an Fälle wie z. B. den des Valentin Dikul, an den Placebo-Effekt oder an Versuchspersonen in Hypnose. Aus unterschiedlichen Bereichen bilden sich derzeit neue Foren. Neuste Erkenntnisse aus der Quantenphysik belegen die Zusammenhänge von Materie und Geist. Sie zeigen uns, dass es keine feste Materie in dem Sinne, wie wir es glauben zu fühlen, geben kann. Dass es zwischen der Materie und dem Geist nur die Vorstellung darüber gibt. Grenzen zwischen dem einen und dem anderen dienen nur dazu, ein Verständnis für das Ganze zu entwickeln. Die Quantenphysik zeigt uns, dass die Realität eine Fiktion unseres Geistes ist, eine selbst geschaffene Matrix, die dazu dient, eine eigene Bewusstseinswahrnehmung zu erschaffen und zu besitzen.

Die Gabe zu lieben

Im ersten Kapitel habe ich bereits der Liebe etwas Universelles zugesprochen und sie als eine Art Kleister, der alles zusammenhält, bezeichnet. Nun stellt sich die Frage, ob jedes Lebewesen die Gabe zu lieben besitzt. Werden die Jungen in der Tierwelt beispielsweise von deren Eltern geliebt oder etwa nur biologisch mechanisch versorgt?

Die naturwissenschaftliche Denkstruktur neigt eher dazu zu behaupten, es seien lediglich angeborene Verhaltensweisen der Tiere. Mit Liebe könne man dies nicht unbedingt vergleichen. Stellt die Liebe so etwas wie die Vollendung der Gefühle dar? Haben Lebewesen außer dem Menschen allgemein so etwas wie Gefühle oder lediglich Angeborenes wie Verhaltensmechanismen, die für die Arterhaltung notwendig sind?

Die Rationalisten werden prinzipiell davon ausgehen, dass Tiere niedrigere Lebensformen darstellen und die Liebe nicht in deren Daseinsmuster passt, weil sie dafür nicht ausreichend entwickelt sind. Ist die Liebe überhaupt abhängig von der Entwicklung eines Lebewesens? Erinnern wir uns an die Entwicklung des Bewusstseins allgemein. Jedes Lebewesen wird sich nur durch die Reflexionen mit dem Außen bewusst. Das bedeutet, die eigene Wahrnehmung seines Selbst gelingt nur mit Hilfe des Anderen, des Außen. Um als Spezies seine eigene Art zu erhalten, bedarf es, der Reproduktion (Fortpflanzung) wegen, eines Partners und Techniken, um u. a. diesen anzulocken und verteidigen zu können. All diese Eigenschaften könnte man nun als rein mechanische Verhaltensweisen abtun.

An dieser Stelle macht es Sinn, zur Verständigung ein Beispiel zu bringen. Erst durch die Vielfalt in der Natur entsteht die Unterschiedlichkeit, die wiederum von größter Bedeutung ist, die verschiedensten Lebensformen entstehen zu lassen. Nicht anders sieht es innerhalb einer Spezies aus. Die unterschiedlichen Verschmelzungen bieten ein breites Spektrum für deren Entwicklungen. Nun kommen wir zu den notwendigen Emotionen, die zur Arterhaltung dienen. Je stärker die Bindungen werden, je mehr ist die Möglichkeit der Verbundenheit gegeben.

Die Liebe stellt die optimale Kraft der Zweisamkeit dar, wobei jedes Individuum, bedingt durch seine Einmaligkeit, durch seinen Partner sich selbst reflektieren kann und sich damit verändert. Wie würde es aber bei Klonen oder Robotern aussehen? Sie sind vom Prinzip alle gleich gepolt, eine Reflexion kann es in dem Sinne nicht wirklich geben. Demnach dürfte es in solch einer Wesensform keine Liebe geben können. Denn erst die Vielfalt lässt uns mit den anderen reflektieren und uns dadurch wachsen. Ich meine damit, entweder es gibt die Liebe als Samen des Lebens für alle Lebensformen oder es gibt sie nicht; ein Zwischending kann nicht existieren. Nun macht es Sinn, sich an die Dreieinigkeit zu erinnern. Körper, Geist und Seele stellen die Einheit des Lebens, wie wir sie kennen, dar. Der Körper, der aus energetischer Materie (komprimierter Energie) besteht, der Geist, der völlig wertfrei und neutral ist und überall und in allem als Informationsspeicher zu finden ist, sowie die Seele, die als Lebendiges sich strebsam entwickeln möchte.

Erst eine Dreiereinheit lässt Leben entstehen. In der theosophischen Addition stellt die Dreier- Einheit die

Schöpfung dar. 1+1=3 – Vater und Mutter ergeben Vater, Mutter und Kind. Wie schon erwähnt, beinhaltet das Leben den Samen der Liebe in sich und wartet nur darauf, gefunden zu werden. Jedes Lebewesen besitzt die Gabe zu lieben. Jedes Lebewesen wird auf seinem Lebensweg mit Situationen konfrontiert, die letztendlich dazu beitragen, die Liebe zu entdecken. Wird sie, die Liebe, gefunden, erleichtert sie das Dasein und wirkt ähnlich wie Kleister, indem sie das Leben auch im totalen Chaos verbindet und zusammenhält. Das Nichtfinden der Liebe heißt lediglich eine Verlängerung des Suchens, denn Leben bedeutet Suchen nach der Bewusstseinsfindung und nichts anderes. Die ichbezogene Form der Liebe bezieht sich (egoistischer Weise) immer auf eine Person und deren Anhang wie Kinder und Familie. Sie stellt den Anfang und die Basis des Bewusstseins dar, aus ihr wächst dann die höhere Form des Bewusstseins. Die universelle, reifere Form der Liebe bezieht sich nicht mehr nur auf nahestehende Menschen, sondern auf alles Leben universeller Art. An dieser Stelle möchte ich kurz ein paar Gedanken aus dem Taoismus wiedergeben.

„Seiner Auffassung nach existiert zwischen Mensch und Natur eine Beziehung ewigwährender Harmonie; und die Begriffe Unterwerfung, Beherrschung, künstliche Ordnung, Ursache und Wirkung sowie linearer Zeitverlauf sind für ihn bedeutungsleer. Ein auftretendes Hindernis wird keineswegs als eine Einengung der Möglichkeiten empfunden, sondern allerhöchstens als Mittel, das Spiel der Gegensätze zur Veränderung und Selbstfindung zu nutzen. Die Realität selbst kann man nicht, wie es sich die Anhänger der westlichen Philosophie vorzustellen versuchen, in Einzelteile gliedern, man denke an die unzähligen Spezialisten für dies und jenes. Sie ist einfach da, als Einheit, Totalität, und

ihre Existenz liegt im Wesentlichem darin begründet, dass er als menschliches Wesen mit ihr verbunden ist." **24**

So stellt sich der Taoismus als ein Weg in die Realität dar, eine vom Gefühl bestimmte Weisheit. Der Taoismus ist keine Religion, keine Wissenschaft und auch keine wirkliche Philosophie. Er beinhaltet keine Riten, er besitzt keine Moral nach unserem Verständnis, keine festgefügte Lehrmeinung und er schreibt keine Normen vor, die respektiert werden müssen. Er bietet lediglich Möglichkeiten, die eigene Beziehung zur Natur und sich selbst zu gestalten. Die Liebe als solche wird verinnerlicht. Die Liebe führt zum Licht des Daseins. Aus der Toleranz wächst die Akzeptanz und die Liebe wird zur Spiritualität. Aufgewühlte Emotionen verlieren ihre Daseinsberechtigung. Geschürte Ängste, man denke da an die Geschäfte mit der Angst, die geplante Versklavung u.a., verlieren sich in dem veränderten Bewusstsein. Die das Zepter in den Händen halten, verlieren ihre Macht. Die Liebe regiert den Verstand und nicht umgekehrt. Das am weitesten entfernte Mitochondrium innerhalb der Zelle empfängt diese Liebe. Die Liebe kennt wie das Bewusstsein keine Größe in dem Sinne. Die Liebe ist wertfrei von Reich oder Arm, Stark oder Schwach, Schön oder Hässlich. Die Polarität der Gegensätzlichkeit verliert sich im Dasein. Wer oder was liebt, lebt wirklich. Die Liebe strahlt in alle Richtungen aus, in den Mikro- wie Makrokosmus, berührt alles Vorhandene und lässt das *gemeinsame* Ich (aus 50 Billionen *einzeln*en Ichs zusammengesetzt) leuchten, heller als jede Sonne des Universums. Wir Menschen und auch alle anderen Lebens-

24 Anton Kielce: Taoismus, Heyne Verlag

formen besitzen die Gabe zu lieben, so wie wir Lebendigen auch die Gabe zum Atmen besitzen. Erst wenn wir uns dessen bewusst werden, werden wir die Liebe als göttliche Offenbarung empfangen. Unsere subjektive Wahrnehmung löst sich auf ins Universelle und unser Leben erfährt einen wahren Sinn. Ein neues evolutionäres Zeitalter der Menschheit hat begonnen. Vom Menschen als Opferlamm hin zum Menschen des spirituellen Wesens. Nicht nur ein Geschöpf zu sein, sondern selbst zum Schöpfer des eigenen Ichs werden.

Nachwort

Die Pädagogik als Hauptthema zu wählen und doch den größten Teil des Buches anderen Bereichen, insbesondere der Politik, zu widmen, ergab sich im Laufe der Zeit beim Schreiben. Es war mir nicht möglich, die Pädagogik isoliert zu betrachten. Am Ende des Buches bestätigte sich für mich, dass nichts separat zu betrachten ist. Letztendlich korrelieren alle Bereiche miteinander. Die Wahl des Buchtitels ist bewusst provokativ gestaltet, um die Frage zu stellen, wer uns wirklich regiert und was aus unseren Kindern (unserer Zukunft) werden soll. In jedem Kapitel und den dazugehörigen Unterkapiteln versuchte ich mich relativ kurz und prägnant auszudrücken und hoffe, dass mir dies zum größten Teil gelungen ist. Einige der von mir dargestellten Themen, insbesondere zur Reinkarnation und über das Wesen der Liebe, werden aus der heutigen wissenschaftlichen Sicht entweder belächelt oder als ein Pseudowissen abgetan werden. Dies ist mir völlig bewusst, denn ich schrieb alles vorsätzlich. Einem wissenschaftlichen Anspruch gerecht zu werden, würde bedeuten, dass ich entscheidende Themen nicht hätte ansprechen können. Bezugnehmend auf Kapitel I war es mir wichtig, mich ausschließlich auf die geistig-körperliche Entwicklung eines Babys zu konzentrieren und nicht die „Ursache und Wirkung" als ein eigenes, umfangreiches Werk darzulegen, was durchaus möglich wäre. Pädagogische Themen wie die Reflexionsmechanismen und der Humor sollen ausschließlich als Anregung und Motivation dienen, um den Leser in seiner Arbeit mit Kindern zu bereichern. Dem Unterkapitel „Die Koordination als Spiegelbild der Persönlichkeit" hätte ich ein eigenes Buch widmen können, demnach war es mir wichtig, diese Thematik auf ein Minimum zu beschränken, ohne inhaltlich Wesentliches auszulassen.

Als von größter Bedeutung entpuppte sich die politische Betrachtungsweise, die letztendlich für das Gelingen oder Scheitern einer guten Pädagogik verantwortlich zu sein scheint. Geprägt von Korruptionen und Intrigen ist unsere Zukunft abhängig von aktiven und motivierten Menschen. Daher war es mir besonders wichtig, Tatsachen hervorzuheben, die öffentlich in den Medien verschwiegen oder lächerlich gemacht werden. Wissenschaftliche Untersuchungsergebnisse, die dem heutigen Weltbild widersprechen, werden ins Abseits gedrängt und bekommen in den Medienanstalten für deren Publikationen so gut wie keine Sendezeit. Ferner war es mir wichtig, Einflüsse, die mich prägten, z.B. meine langjährige Praxis in Yoga und Kampfkunst, in meine pädagogische Arbeit einfließen zu lassen.

In Kapitel III im letzten Unterkapitel (Kampfkunst als Notwendigkeit) versuchte ich die Wichtigkeit des Vermittelns der Ganzheitlichkeit in Schulen besonders hervorzuheben.

Im letzten Teil des Buches sollte die Hoffnung und der Glaube als das Prinzip und der Antrieb des Seins verstanden werden. Was so viel heißt wie: Die Hoffnung stirbt zuletzt! Für das Gelingen dieses Buches möchte ich ins-besondere meiner Frau Tatiana danken, dass sie mir trotz der wenigen Zeit, die man als berufstätiger Familienvater hat, die Gelegenheit gab, das Buch schreiben zu können. Außerdem war sie mir insofern eine große Hilfe, indem sie mir in Gesprächen kritisch und inspirativ zur Seite stand. Meine meisten Inspirationen verdanke ich jedoch meinem jüngsten Sohn Paul, der in seinen ersten vier Lebens-Jahren zu meinem Meister wurde. Durch ihn sind mir als vierfachem Vater neue Dimensionen der Wahrnehmung offenbart worden. Paul gelang es immer wieder neu, mich zu fesseln, indem er (vor vier Jahren) mit wenigen Worte in der Lage war, alles sagen zu können. Es gelang ihm mit Hilfe einer gekonnten Intonation und Mimik jedes Gefühl zu vermitteln. Aufgrund seiner enormen Aufnahmefähigkeit sind wir (meine Frau und ich) besonders bemüht, unser eigenes Verhalten bewusster zu beobachten. Seine Fähigkeit, alles imitieren zu wollen, lässt es nicht zu, unüberlegt zu handeln. Raus aus dem Bandablaufmechanismus. Meinem Sohn Paul habe ich es zu verdanken, die Pädagogik noch einmal ganz frisch und aktuell aus einer neuen Sicht heraus betrachten zu dürfen. Aufgrund seines Verhaltens gelingt es mir, noch tiefer in das Wesen der Seele zu blicken und sie mehr zu verstehen.

Die Liebe zu meinen Kindern war immer der größte Pool, aus dem ich noch heute positive Energie schöpfe. Meinen Kindern, mit deren ausgesprochenen Fähigkeiten und deren Liebe zu mir, habe ich es zu verdanken Hier und Heute sein zu dürfen. Sie waren die die mir stets Kraft und Hoffnung gegeben haben (und sind es heute noch).

Meinem jüngsten Sohn Paul verdanke ich einen neuen Blick in die Seele eines Kindes, deren Verlangen nach Liebe und Inputs zu befriedigen zu meinem Hauptanliegen geworden ist. Ihm habe ich es zu verdanken, tiefer in ein Gebiet eintauchen zu dürfen, als ich es mir jemals hätte vorstellen können.

Reminiszenz

Nach der Veröffentlichung meines ersten Buches (Dieses) sind nun fast vier Jahre vergangen. Paul ist mittlerweile sechs Jahre alt und ich habe inzwischen drei weitere Bücher geschrieben. Im Juni 2013 gründete ich meinen eigenen Buch und Spiele Verlag den BUS Verlag. Das hatte auch seine Gründe.

Als Neu-Autor sucht man natürlich hände-ringend nach einem Verlag um sein geistiges Werk veröffentlichen zu können. Unerfahren und gutgläubig ließ ich mich damals von den schönen und schmeichelhaften Worten über mein Skript vom Verlagsinhaber einlullen und unterschrieb den Vertrag - einen sogenannten Zuzahlungsverlag. Solche Buchverlage lassen sich vom Autor die Druck-, Werbe- und Buchmessekosten bezahlen.
Die Summen überschreiten locker vier bis fünf Tausend Euro. Selbstverständlich wird dem Autor viel versprochen und Hoffnung durch das breite Angebot-Spektrum, gemacht. Da wird von Zeitungsveröffentlichungen gesprochen, die sich letztendlich als minimalistische Provinzblätter herausstellen und die noch mit dem Verlag zusammenarbeiten. Da ist die Rede von Buchmessen, in denen mein Buch plakativ hervorgehoben werden sollte. All das kostet natürlich viel Geld. Aber gutgläubig wie man ist, glaubt man seinen neuen Verlag alles. Bitter wird es dann, wenn die erste (Marge) Abrechnung für den Autor kommt. Man hat, (ich habe) viel Geld für Werbung, (die vom Verlag empfohlen wurde) investiert. Z.B. eine, für den Endverbraucher kostenlose Broschüre von Thalia, die zum Weihnachtsgeschäft in einer 500 000. Auflage deutschlandweit, auslag. In der auch für mein Buch geworben

wurde. Ich ließ unzählige Flyers drucken, die ich flächendeckend auf Buchmessen verteilte. Mein Buch war wiederholt bei Amazon in der Bestseller Rangliste auf Platz 2 und 3. Recherchen ergaben, dass nur verkaufte Bücher ein Aufsteigen in der Rangliste ermöglichte. Trotz alledem war meine erste Abrechnung für sechs Monate, vom Verlag gerademal 83, 25 €. Da brach für mich erst einmal ein Urvertrauen zusammen, ein noch vorhandenes Vertrauen zum System.

Kaum etwas von dem, was man mir versprochen hatte, wurde eingehalten bzw. erfüllt. Wie ein Kleinkind holte ich mir Beulen und andere Verletzungen. Mein Vertrauen zum Verlag war gebrochen. Zutiefst enttäuscht bekam ich im Laufe der Zeit weitere Abrechnungen, die mir lediglich nur das gleiche bestätigten. Von mir konkret gestellte Fragen zu den Abrechnungen wurden nur widersprüchlich beantwortet. Ich war das naive Opfer eines Verlages, der sich an die Gutgläubigkeit unerfahrener Schreiber bereicherte. Das schlimmste daran ist, dass ich (geblendet) nicht mal fähig war, die Rechte und Pflichten, die im Vertrag stehen zu erkennen. So gab ich dümmlicher Weise die Rechte für mein geistiges Werk für immer ab. Mit anderen Worten: Ich verlor alle Rechte für mein Skript. Da ich anfangs ahnungslos fleißig an meinem zweiten Buch (Diktatur als Chance) schrieb und dies als fertiges Skript meinen Verlag zukommen ließ, machte ich auch gleich einen neuen Vertrag. Selbstverständlich unter gleichen Konditionen. Die zweite Arschkarte die ich gezogen habe. Derzeit schrieb ich aber schon an meinem dritten Buch und wollte mich nicht unterkriegen lassen. Also suchte ich penetrant nach Fehlern, in dem von mir unterschriebenen Verlags-Vertrages.

Ich wurde fündig und mit Hilfe meines Rechtsanwaltes gelang es mir aus meinen Verträgen zu kommen. Dies stellte für mich den wirklichen Anfang eines Autoren dar. Seitdem verlege ich meine - und inzwischen auch die von anderen - geschriebenen Bücher über meinen eigenen Verlag. Meine Intentionen sind jedoch keine ökonomischen Interessen, sondern in erster Linie kreativer Natur. Ich möchte mich nicht an diesen Raubtierkapitalismus beteiligen.

Näheres unter www.busverlag.de,
ich verbleibe mit ehrlichen Gruß

André Raguse

Quellen:

2 Bruce Lipton: Intelligente Zellen. Der Geist ist stärker als die Gene, Koha-Verlag

3 Bruce Lipton: Intelligente Zellen. Der Geist ist stärker als die Gene, Koha-Verlag

5 Definitionen aus dem Wikipedia

7 Bruce Lipton: Wie wir werden, was wir sind. Koha-Verlag

9 Ich erlaubte mir, zur Definition der 18 Eigenschaften das Standardwerk zur deutschen Sprache, den Duden aus dem Dudenverlag zu nehmen.

10 Um jede einzelne Eigenschaft sachlich zu definieren, nahm ich mir das Standardwerk zur deutschen Sprache, den Duden.

12 James Bamford: Body of secrets: Anatomy of the Ultrasociet National Security Agency, New York, Doubleday 2001

13 Auszug aus dem Internet 2010,Welternährungsgipfel, das Expertencredo

14 Auch bekannt als: Operation unter falscher Flagge

15 Auszug aus dem Internet: Salbutamol kontra

16 Edward Jenner (1749 – 1823), Begründer des modernen Impfens

17 Ein Buchtipp hierzu: Das Geschäft mit der Angst – Gerhard Buchwald, Emu Verlag

20 Definition aus Wikipedia (Energetik)

22 Auszug aus Wikipedia: freier Wille, unbekannter Autor

24 Anton Kielce: Taoismus, Heyne Verlag

FSC
www.fsc.org
MIX
Papier aus verantwortungsvollen Quellen
Paper from responsible sources
FSC® C105338